Auf Wolke 7 ist noch Luft nach oben

Ellen Lutum

Wie die Liebe dauerhaft lebendig bleibt

ÜBER DIE AUTORIN

Ellen Lutum ist Autorin, Life Coach, Heilpraktikerin für Psychotherapie und examinierte Kranken- und Gesundheitspflegerin. Seit einigen Jahren konzentriert sie sich auf das Wohlbefinden von Frauen. Das Thema Selbstliebe liegt ihr besonders am Herzen und steht im Fokus ihres Unternehmens „Ellen Lutum Life Coaching". In ihren Büchern schöpft sie aus ihren persönlichen Erfahrungen und ihrem großen Erfahrungsschatz als Coach.

Eines von Ellens Erfolgsgeheimnissen ist, dass Frauen durch sie wieder einen Zugang zu ihren eigenen Bedürfnissen bekommen. Sie werden sich ihrer Prägungen bewusst und lernen dadurch, sich selbst besser zu verstehen, anzunehmen und wieder zu lieben. Egal, ob es um das Thema Beziehung, Beruf oder den eigenen Körper geht – der Schlüssel zum Wohlbefinden liegt immer in der eigenen bewussten Entscheidung.

Mehr Infos zu Ellen, ihren Büchern und ihrem Podcast findest du unter: www.ellenlutum.de

Bleib auf dem Laufenden

Den Podcast „Sei die Liebe deines Lebens“ findest du zum Beispiel bei Spotify oder iTunes.

Sei ein Teil der Community auf Instagram (ellen.lutum) und Facebook (Ellen Lutum).

Die Autorin kann für 1:1 Coachings, Lesungen, Vorträge und Workshops gebucht werden.

Für Maria und Aloys

Ihr bleibt unvergessen

1. Auflage 2023

Elmar Verlag
Oststraße 14, 48231 Warendorf

Cover und Illustrationen: Büro Ina Oakley
Lektorat: Andrea Langenbacher

Druck:
WIRmachenDRUCK GmbH
Mühlbachstr 7, 71522 Backnang

Hergestellt in Deutschland

ISBN: 978-3-9825811-4-9

INHALT

Herzlich willkommen

Ein Abend im Hause Lutum, ungefähr im Jahr 2015: Ein langer und sehr anstrengender Tag neigt sich dem Ende. Während ich noch die Küche aufräume, merke ich, dass meine Kraftreserven so gut wie aufgebraucht sind. Mein Mann betritt die Küche. Auch ihm sieht man die Anstrengung an. „Was ist dein Plan für den Abend? Sollen wir eine Serie schauen?“

„Hmmm“, murmle ich nur. Es ist mir gerade völlig egal. Ich möchte nur noch auf die Couch, die Beine hochlegen und vielleicht etwas am Handy daddeln.

Wenig später liegen wir beide auf der Couch. Der Fernseher läuft und wir haben beide das Handy in der Hand. Zwischen uns ist Schweigen. Es gäbe so viel zu erzählen, doch keiner von uns hat die Kraft dazu. So endet dieser Abend wie viele andere auch. So viel Unausgesprochenes bleibt im Raum. Dabei wollten wir doch zu den Sternen fliegen. Und sind es auch. Doch obwohl das lange her ist, schwelt die Sehnsucht und der Wunsch nach mehr. Nach mehr Zauber, nach mehr Erfüllung.

Wir wissen beide: Wenn wir nichts verändern, können wir irgendwann

dem Zauber eines Neuanfangs mit jemand anderem nicht widerstehen. Es wird Zeit für einen Neuanfang mit uns.

Auch heute sind wir immer noch mal müde und k.o. und trotzdem ist vieles anders. Wir sind seit fast drei Jahrzehnten ein Paar und ich glaube, wir hatten noch nie eine schönere und bessere Zeit als heute. Es gibt keine eisige Stille mehr zwischen uns und für fremde Versuchungen sind wir nicht sehr anfällig. Wir fliegen wieder zu den Sternen. Und das ist so schön, so lebendig und liebevoll, dass ich unser Glück manchmal kaum fassen kann.

Doch dieses Glück und diese Erfüllung sind uns nicht in den Schoß gefallen. Wir haben an uns und unserer Beziehung gearbeitet und tun es immer noch. Es ist alles ein stetiger Wandel mit einer Konstanten: unsere Liebe.

Es ist heute nicht mehr schwer und anstrengend. Es ist auch nicht mehr lustlos und fade. Wir entdecken immer wieder neue und auch sehr aufregende Seiten aneinander. Auch wenn wir oft denken, dass wir doch bereits alles voneinander kennen.

Vielleicht steckst du in einer ähnlichen Situation wie wir vor einigen Jahren. Vielleicht spürst du, dass sich etwas verändern muss, damit du in deiner Beziehung bleiben kannst. Oder du bist *eigentlich* glücklich, aber ein wenig mehr Höhenflüge dürften es sein? Dann ist dieses Buch für dich!

Vielleicht hilft es dir, ab und an den Blickwinkel zu verändern und dich und deinen Partner besser zu verstehen. Vielleicht trägt es dazu bei, dass sich Fronten nicht so sehr verhärten, dass kein Wort oder

keine noch so gut gemeinte Tat mehr durchdringen kann.

Denn ob du es glaubst oder nicht, die Liebe ist gar nicht so ein Mysterium, wie es uns immer weisgemacht wird. Im Grunde genommen ist die Liebe sogar furchtbar einfach – wenn nicht der ganze Stolz und unsere unbefriedigten Egos dazukommen würden. Aber davon später mehr!

Vor nicht allzu langer Zeit hat Markus mich wieder einmal überrascht. Wir unterhielten uns darüber, wie gut es uns mittlerweile geht und dass so viele Paare sich das Leben so unnötig schwer machen.

Da sagte Markus plötzlich: „Schreib doch mal ein Buch über Beziehungen.

„Hmmm, einen Beziehungsratgeber?“

„Ja, genau.“

„Stimmt, das könnte ich machen. Aber ich möchte einen Ratgeber schreiben, der wirklich hilft und nicht nur von der Theorie berichtet.“

„Oh. Dann willst du also ein Buch über unsere Beziehung schreiben? Da weiß ich jetzt nicht, ob ich das so gut finde. Schließlich mag ich auch meine Privatsphäre.“

Dies, meine lieben Leserinnen, war exakt unser Dialog. Jetzt hältst du dieses Buch in der Hand. Offensichtlich habe ich eine Lösung für unser Dilemma gefunden.

In jedem meiner Bücher mache ich mich nackig und das aus gutem Grund. Ich mag es offen und ehrlich. Alles, was du lesen wirst, ist meine bzw. unsere Geschichte. Doch weil mein Mann und meine

Familie natürlich ein Recht auf Privatsphäre haben, habe ich auch von vielen anderen Paaren geschrieben, die ich auf ihrem Weg begleitet habe. Natürlich habe ich ihre Namen und Geschichten so verändert, dass sie nicht wiedererkannt werden können.

Eine Followerin bei Instagram meinte Letztens, ich würde so viel von mir und uns zeigen. Also mein Privatleben so öffentlich machen. Dazu möchte ich zu bedenken geben: Eine Story bei Instagram ist ungefähr 30 Sekunden lang. Mein Tag hat 24 Stunden. Das sind 1.440 Minuten. Das wiederum sind 86.400 Sekunden. Abzüglich meiner täglichen Storys, so vier im Durchschnitt, gibt es also viele Sekunden und Minuten, die ich keineswegs zeige. Es gibt auch viele Momente, die ich lieber genieße, als sie für andere mit dem Handy festzuhalten.

Genauso ist es auch bei meinen Büchern. Ich nehme euch mit auf einen Ausschnitt meines Lebens. Es ist und bleibt aber nur ein Teil. Es ist nicht *alles*. Diese Unterscheidung ist mir genauso wichtig wie völlig ehrlich und authentisch zu schreiben.

Auf eines meiner letzten Bücher bekam ich die Reaktion, ich würde ständig mit meinem Mustergatten angeben. Und mit so einem Mann an der Seite sei das ja auch alles so leicht. Deshalb gibt es hier eine kleine Trigger-Warnung.

Erstens: Ja, ich liebe meinen Mann und sehe durchaus mehr seine Stärken als seine Schwächen. Er ist ein toller Kerl, wie übrigens ganz viele Männer da draußen auch. Wenn wir Frauen sie mal lassen würden. Auch dazu später mehr.

Zweitens: Nein, ich gebe nicht an. Was ist angeben überhaupt? Stehen wir wieder auf dem Schulhof und erzählen uns gegenseitig, dass unsere Eltern, Partner, Kinder was weiß ich, Superhelden sind? Und meiner kann das viel besser. Und meiner kann noch fliegen?

Also, wenn hier jemand noch im Angeberdenken unterwegs ist, möge er oder sie mein Buch „Sei die Liebe deines Lebens" lesen. Die Wahrnehmung, dass jemand angeben würde, beruht einzig und alleine auf Mangelgefühlen. Doch wie sollen wir glücklich sein oder werden, wenn Gefühle des Mangels unser Leben bestimmen? Auch darauf gehe ich in diesem Buch ausführlich ein.

Mir gefällt die Vorstellung, dass Lesen und Lernen wie ein Besuch im Supermarkt ist. Mir wird unendlich viel angeboten, aber ich muss ja nicht alles mitnehmen. Ich lade dich herzlich ein, in diesem Buch zu stöbern und das mitzunehmen, was dir hilft und dir gefällt. Wenn du am Ende des Buches mit einer Einkauftasche voller Erkenntnisse, die dich weiterbringen, nach Hause gehst, dann ist alles gut.

Es gibt hunderte, ach was, tausende Bücher über Liebe und Beziehungen. Und weißt du was? Das ist auch gut so. Denn jede Beziehung, jede Liebe und jeder Mensch ist individuell. Jeder und jede von uns hat andere Vorstellungen und Werte. Jeder von uns hat andere Prägungen und Erfahrungen.

Wieso sollte es da den *einen* Beziehungsratgeber geben?

Wieso brauchen wir überhaupt Beziehungsratgeber?

Mit dieser durchaus ernstgemeinten Frage habe ich mich lange auseinandergesetzt, bevor ich mit dem Schreiben begonnen habe. Eine

wirklich wissenschaftliche Analyse habe ich nicht. Nur ein paar Vermutungen, die ich gerne mit dir teilen möchte:

35 Prozent der Ehen werden heute geschieden. Die Zahl der Singles, gerade im Alter zwischen 25 und 50 ist so hoch wie niemals zuvor. Immer noch bleiben Frauen in Beziehungen, die ihnen überhaupt nicht guttun, weil sie finanziell so abhängig sind, dass sie sich nicht trauen, ihren Partner zu verlassen. Mag die Partnerschaft auch noch so toxisch sein.

Die Themen Beziehung, Beziehungsfähigkeit und Liebe sind aktueller denn je. Wenn man den Statistiken und Umfragen glaubt, stellen wir schnell fest, dass der Wunsch nach der großen Liebe oder einer erfüllten Liebe ganz oben steht.

Wobei ich anmerken möchte, dass für ein erfülltes Leben nicht zwingend eine Partnerschaft nötig ist. Es gibt auch glückliche Singles und Menschen, die sehr zufrieden sind mit sich alleine. Mit sich selbst glücklich zu sein, ist übrigens die beste Basis für eine glückliche Beziehung (auch dazu später mehr). Ich bin der Meinung, dass wir umso glücklicher sind, je besser wir uns selbst, unsere Reaktionen und Handlungen verstehen und auch ein gewisses Bewusstsein dafür entwickeln. Wenn ich nachvollziehen kann, warum ich oder mein Partner so reagiert, kann ich anders und bewusster handeln.

In meiner Beziehung gab es immer wieder Momente, in denen die grundsätzliche Ebene infrage stand. Bei mir ehrlich gesagt häufiger als bei Markus. Doch wir haben uns mit unseren persönlichen Triggern beschäftigt, an unserem Bewusstsein gearbeitet und unseren Fokus verändert. Dadurch hat sich vieles zum sehr Positiven gewandelt.

Weder Markus noch ich haben Superkräfte, die sonst niemand hat. Aber wir haben vieles gelernt, was uns leider nicht in der Schule beigebracht wurde (das wäre doch mal ein cooles Schulfach: Beziehungen und glücklich sein). Aus diesem Grund schreibe ich, auch wenn wir noch nicht am Ende unserer Tage sind, ein Buch über Beziehungen.

Es geht mir darum, dich zu inspirieren. Dir konkrete Möglichkeiten zu zeigen, wie du deine Beziehung verändern und verbessern kannst.

Unser Leben ist so kurz und viel zu wertvoll, um es nicht auszukosten. Das heißt nicht, dass du von nun an wie ein Duracell-Kaninchen mit deinem Partner durch die Gegend jetten musst. Vielmehr soll es dich und euch daran erinnern, dass ihr eure Beziehung lebendig haltet. Dass ihr euch inspiriert. Dass ihr euch anspornt. Dass ihr euch immer wieder neu kennenlernt. Dass ihr euch mal richtig auf den Sender geht. Dass ihr euch versöhnt. Dass ihr euch neu entdeckt. Dass ihr euch überrascht.

Die Geschichten und Erfahrungen, die in dieses Buch eingeflossen sind, sollen dich bestärken: Du bist und ihr als Paar seid nicht alleine. Auch wenn es leider immer noch genug Menschen gibt, die meinen, eine Fassade aufrechterhalten zu müssen. Nach so vielen Jahren als Coach und Therapeutin kann ich dir sagen: Wir sitzen alle in irgendeiner Art und Weise im selben Boot. Dieses Buch darf dir helfen, zu lernen und etwas zu verändern.

Sei und werde glücklich.

Ich wünsche dir eine wundervolle Reise.

Deine Ellen

Ein Leben lang …

Weshalb langjährige Beziehungen möglich, aber nicht mühelos sind

„Guten Morgen! Hier ist dein Kaffee …“ Mein Mann stellt einen frisch aufgebrühten Kaffee neben das Bett und drückt mir einen Kuss auf die Stirn. Ich räkele mich und lächle. In mich hinein, in diesen neuen Tag. „Was für ein Service“, murmle ich noch etwas verschlafen. Er schlüpft noch kurz zu mir unter die Decke. „Ui, du bist so kalt – warst du gerade schon mit dem Hund raus?“ „Genau. Aber ich habe noch fünf Minuten Zeit.“ „Hmmmmm …“

Ich war noch nie ein Mensch, der morgens früh viel redet. Mein Mann schon. Besonders, wenn er schon seit einer halben Stunde auf den Beinen ist.

Gefühlte 30 Sekunden später hüpft er wieder aus dem Bett, öffnet das Fenster und verschwindet nach unten, wo er mit den Kindern frühstückt. Was ein Luxus, denke ich. Dankbar nippe ich an meinem

Kaffee. Er ist schwarz und stark. Genauso mag ich ihn. Die Müdigkeit verschwindet und macht langsam immer klareren Gedanken Platz. Wie anders haben meine Tage noch vor ein paar Jahren begonnen! Ich war morgens oft alleine mit den Kindern und der Zeitplan war straff. Und wenn mein Mann da war, zofften wir uns noch vor dem Aufstehen. Während vor meinem inneren Auge Bilder unserer damaligen Situation aufsteigen, schüttele ich lächelnd den Kopf.

Es gab damals viele Tage, an denen ich mich nach dem Aufwachen am liebsten unter der Decke verkrochen hätte. Einfach nicht aufstehen. Weil ich das Gefühl hatte, dass alles zu viel ist und ich gar nicht weiß, wo ich anfangen soll. Es fühlte sich alles unglaublich schwer an. Dass es vor allem alte Prägungen und Muster sind, die mir das Leben schwer machten, war mir zu diesem Zeitpunkt nicht bewusst.

Ich sah immer einen riesigen Aufgabenberg vor mir liegen. Oder besser gesagt: ein Berg aus den gefühlten tausend Anforderungen, die in meinen Kopf darauf warteten, abgehakt werden zu können.

Diese Anforderungen hatten viel zu tun mit einem Idealbild der Frau und Mutter, dem ich entsprechen wollte. Dazu gehört es natürlich, Sport zu machen. Schließlich ist die Frau von heute durchtrainiert, hat genügend Kondition, um ohne Rakete ins All zu fliegen, und von Cellulite keine Spur. Frau ist selbstverständlich auch megaerfolgreich (wir leben ja schließlich nicht mehr in den Fünfzigern).

Die Frau und Mama von heute ist einfach nur bewundernswert. Sie genießt jede freie Minute mit ihren Kindern und selbst wenn die lieben Kleinen streiten, ist es ihr nie zu viel. Sie ist selbstredend auch eine per-

fekte Partnerin. Natürlich nicht mehr im Sinne des Frauenbilds der Nachkriegszeit. Sie ist zwar immer noch liebevoll und fürsorglich, aber auch sexy, selbstbestimmt und kreativ. Beste Liebhaberin und bester Kumpel gleichzeitig.

Die Frau von heute ist tough und trotzdem in ihrer vollen Weiblichkeit. Sie ist bereit, sich ständig selbst zu optimieren, und stark spirituell verbunden.

Und wenn wir den sozialen Medien glauben schenken, müsste die Frau von heute mindestens vier Wochen des Jahres auf Bali verbringen, um ihre Work-Life-Balance zu pflegen.

Ich strebte nach diesem idealen Bild und fühlte mich doch Lichtjahre davon entfernt. Ich war einfach nur müde.

Kommt dir das bekannt vor? Vielleicht geht es dir ja wie mir damals.

Du weißt, dass es dir *eigentlich* gut geht. Dass so viele Frauen es viel schlechter haben als du. Trotzdem bist du erschöpft, denn es ist verdammt anstrengend, diese Frau von heute zu sein.

Vor nicht allzu langer Zeit schaute ich ein Reel bei Instagram an. Eine Mama-Bloggerin spielte eine Frau von heute und eine Frau aus den Fünfzigerjahren, die sich unterhalten. Die Frau von damals sagte total erstaunt: „Wow, du darfst arbeiten gehen? Du darfst Geld verdienen?“ „Ja“, meinte die Frau von heute. „Ich darf arbeiten gehen.“ „Und was ist mit dem Haushalt, der Kindererziehung, dem Garten und allem, was so anfällt, worum wir uns immer gekümmert haben?“ „Das mache ich noch zusätzlich.“

Ich weiß immer noch nicht, ob ich das Reel eher zum Lachen oder zum Weinen finden soll. Aber es bringt auf jeden Fall etwas auf den Punkt, das viele Frauen heute wahnsinnig stresst. Denn diese Vorstellungen, wie man als Frau/Mutter oder Mann/Vater zu sein hat – die alten und die veränderten – haben einen großen Einfluss auf uns und unsere Beziehungen.

Die Welt verändert sich – und wir uns mit ihr

Was ist, wenn du merkst, dass euer Beziehungsmodell nicht mehr zeitgemäß ist und du dich darin nicht mehr wohlfühlst, aber dein Partner keinen Grund hat, irgendetwas zu verändern? Denn schließlich läuft es ja bei ihm.

Tue ich den Herren der Schöpfung hier Unrecht? Wie ist es denn heute, das Mannsein? Wie behauptet sich der Mann von heute neben einer Frau, die versucht, der Welt zu beweisen, dass sie ihren Mann stehen kann?

Er ist im Idealfall der liebevolle Vater, der immer Zeit hat für seine Kinder und nie genervt ist. Als immer gut gelauntes Kindertaxi übernimmt er die Fahrten zur Schule und zu Freunden. Er verdient (leider immer noch) den Großteil des Familieneinkommens, ist karriereorientiert und lebt gleichzeitig die optimale Work-Life-Balance. Als super Allrounder macht er mit den Kindern Hausaufgaben, ist handwerklich begabt und kann Haus und Garten in Schuss halten. Er zieht mit seinen Kumpels um die Häuser und ist am Sonntag mit dem Kleinen beim Babyschwimmen oder mit der ganzen Familie im Freizeitpark.

Auch dieses Ideal ist schwer zu erreichen. Genauso wie die Frau muss der Mann seine Rolle in dieser Welt erst einmal wieder finden.

Die gesellschaftliche Vorstellung, wie ein Mann, wie eine Frau zu sein hat, hat sich im Lauf der Jahrzehnte verändert. Die Rollenbilder sind ohne Zweifel freier und flexibler geworden, aber sie sind auch mit vielen Ansprüchen beladen. Das verursacht nicht selten Stress und führt häufig zu Konflikten im Paarleben.

Meine Unzufriedenheit begann sehr viel früher als die von Markus. Als ich schon richtig unglücklich und genervt war, war für Markus die Welt noch völlig in Ordnung. Das hat nicht unbedingt für mehr Wohlbefinden gesorgt. Ich fühlte mich in unserem Beziehungsmodell gefangen und von ihm nicht ernst genommen. Ich spürte, dass vieles, was wir bis dahin gemacht haben, nicht mehr passte, aber ich hatte

keine Ahnung, wo wir hätten anfangen können, etwas zu verändern. Und mir war nicht bewusst, dass wir schon mitten in einer Veränderung steckten.

Es liegt in unserer Natur, dass wir uns verändern. Wir sind nicht dafür gemacht stehenzubleiben. Dennoch wird uns oft vermittelt, dass gewisse Zustände und Konstellationen erstrebenswert sind und diese dann, wenn wir sie erreicht haben, für immer so bleiben. Und ohne meinem Mann Unrecht tun zu wollen: Ich glaube für ihn war unsere Situation 2013 durchaus nett und gemütlich. Deshalb war es für ihn naheliegend, festzuhalten an dem, wie es war.

Doch Leben bedeutet Veränderung. Leben bedeutet ständiges Ausprobieren. Leben bedeutet, sich weiterzuentwickeln.

Wenn ich von Weiterentwicklung spreche, meine ich allerdings nicht pausenlose Selbstoptimierung. Selbstoptimierung meint das Bemühen, die eigenen Fähigkeiten und Eigenschaften oder das eigene Aussehen fortlaufen zu verbessern. Das kann alle Lebensbereiche betreffen. Schwierig wird es, wenn wir unser Glück mit dem Erreichen eines scheinbar perfekten Zustands verknüpfen: Wenn ich erst einmal dies oder jenes erreicht habe, dann werde ich glücklicher sein. Denn dieses Streben nach Perfektion bewirkt in der Regel genau das Gegenteil: Je mehr wir uns damit beschäftigen, desto unglücklicher werden wir.

Wenn wir meinen, uns ständig verbessern zu müssen, üben wir auch einen riesigen Druck auf unsere Beziehung aus. Wenn eine:r sich

immerzu optimiert und performt, erzeugt das eine gewisse Schwingung, mit der natürlich auch der Partner oder die Partnerin in Resonanz geht.

Wie wäre es im Alltag, wenn du nichts gut sein lassen könntest? Wenn du immer verbessern oder optimieren müsstest? Oder umgekehrt: Wie geht es dir mit jemanden, der immer alles optimiert und perfektioniert?

Stell dir mal vor, dein Partner soll an einem Tag die Kinder alleine versorgen. Er hat das noch nie so wirklich gemacht und du schreibst ihm deshalb eine genaue Liste, wie alles zu funktionieren hat.

Du kommst am Abend nach Hause und stellst fest, dass er deine Liste überhaupt nicht befolgt und alles so gemacht hat, wie er es für richtig hielt. Weil das aber nicht deinen Erwartungen und auch nicht dem Drang, alles optimal machen zu wollen, entspricht, bist du richtig sauer und stellst ihn zur Rede.

Hört sich super anstrengend an, oder? Glaube mir, das ist es auch.

Ich war 2013 noch in der Selbstoptimierung, bevor ich mich getraut habe, in die persönliche Weiterentwicklung zu gehen. Es musste für mich bzw. für uns alles perfekt sein. Alles optimal geplant. Bloß keine Zeit verschwenden, davon hatten wir ohnehin so wenig. Das hat einen unglaublichen Druck auf Markus, die Kinder und natürlich auch auf mich ausgeübt. Ich wollte die ideale Partnerin und Mutter sein. Ich musste immer alles perfekt auf die Reihe bekommen. Hilfe annehmen? Ich? Hallo? Das brauche ich nicht. Ich schaffe das schon. Am wenigsten konnte ich Hilfe von Markus annehmen.

Ich dachte: Bis ich ihm was erklärt habe, habe ich es genauso gut selbst gemacht.

Mich zurücklehnen und ihn machen lassen? Undenkbar.

Wissen, dass er aufsteht und mit den Kindern frühstückt und ich trinke noch einen Kaffee im Bett, wie wir es heute oft machen? Wie frivol.

Dieses Denken und die damit verbundenen Erwartungshaltungen haben unsere Beziehung sehr belastet.

Wir haben bis jetzt noch nicht einmal über die Liebe gesprochen. Die spielte tatsächlich eher eine übergeordnete Rolle – denn sie war nie das Problem. Und ich wage jetzt mal die These, dass bei den wenigsten Paaren, die schon lange zusammen sind, die Liebe das Problem ist.

Das heißt nicht, dass es nicht auch Gründe gibt, sich zu trennen. Auch eine Trennung kann aus Liebe geschehen. Eine Frau hat einmal zu mir gesagt: „Ich liebe meinen Mann. Aber mich liebe ich mehr.“ Dieser Satz hat ein trauriges Lächeln in mein Gesicht gezaubert.

Wenn diese Welt im Wandel ist und wir selbst uns auch immer weiterentwickeln, kann es einfach passieren, dass wir uns nicht mehr miteinander identifizieren können. Wenn wir immer wieder merken, dass wir gegen den Strom schwimmen oder gegen Windmühlen anrennen, dann kann uns einfach irgendwann die Luft ausgehen.

Warum Paare sich trennen – und warum nicht

Laut statischem Bundesamt wurden im Jahr 2022 in Deutschland ca. 35 % aller Ehe geschieden, im Jahr 2005 war es sogar jede zweite Ehe.[1]

Was uns diese Statistik nicht zeigt, sind die Gründe, wegen derer es in so vielen Fällen zu einer Scheidung kommt. Sie zeigt uns auch nicht, ob heute einfach grundlegend weniger Ehen geschlossen werden. Deshalb pfeife ich auf Statistiken. Wir dürfen Statistiken und Studien auch ruhig kritisch hinterfragen: Wer wurde gefragt? In welchem Zustand waren die Befragten? Warum ich sie hier dennoch nenne, hat einen Grund. Ich habe nach diesen Zahlen gegoogelt, als es in meinem Bekanntenkreis wieder einmal eine Trennungswelle gab und ich das Gefühl hatte, es würde sich *jeder* trennen.

„Haste schon gehört? Rita und Thorsten haben sich jetzt auch getrennt!" „Nein, das wusste ich nicht. Mensch, das ist ja schade."

„Na ja, es wurde ja auch langsam echt Zeit – die beiden haben sich ja ständig gestritten und es herrschte nur noch Ärger im Haus. Das war wirklich kein schöner Zustand."

Ständig Ärger im Haus kenne ich. Wirklich. Und ich frage mich, warum so viele Beziehungen scheitern und warum unsere gehalten hat. Warum wir es geschafft haben, diesen Zustand des Dauerstreitens hinter uns zu lassen und einfach glücklich zu sein.

Warum scheitern so viele Ehen? Folgende Faktoren können hier meiner Erfahrung nach eine Rolle spielen (Dies ist natürlich alles ziemlich pauschal gesagt. Es gibt sicher noch viele weitere Faktoren, die zum Scheitern einer Beziehung beitragen):

1. Kommunikations- und Verständnisprobleme

   Wenn Paare zu wenig miteinander sprechen oder zwar viel reden, dabei aber Wesentliches aussparen, wird es ihnen schwer fallen, einander wirklich zu verstehen.

2. Untreue

   Eine Affäre oder Untreue kann eine Ehe/ Beziehung schwer belasten und das Vertrauen zerstören.

3. Finanzielle Probleme

   Geldprobleme können zu großen Spannungen in einer Ehe führen, insbesondere, wenn es um Schulden oder Arbeitslosigkeit geht oder unterschiedliche Ansichten über den Umgang mit Geld vorhanden sind.

4. Konflikte rund ums Elternsein

   Mir wurde einmal gesagt, dass nichts einen Menschen so sehr verändere, wie die Geburt eines Kindes. Unterschiedliche Vorstellungen über die Erziehung der Kinder oder Schwierigkeiten bei der Bewältigung von Herausforderungen, die Kinder mit sich bringen, können ein Paar schwer belasten.

5. Vernachlässigung

   Wenn ein:e Partner:in dauerhaft das Gefühl hat, vernachlässigt zu werden oder nicht genug Aufmerksamkeit

vom Gegenüber zu bekommen, kann dies zu Spannungen und Frustrationen führen.

6. Unvereinbarkeit

   Unterschiedliche Ansichten über die Lebensziele, Hobbies, Interessen oder auch Weltanschauungen können eine Ehe belasten und Konflikte mit sich bringen.

7. Persönliche Probleme

   Süchte, psychische oder physische Erkrankungen und Stress können sich sehr belastend auf eine Ehe auswirken.

In der Arbeit als Coach und Heilpraktikerin für Psychotherapie durfte ich schon viele Frauen begleiten und unterschiedliche Beziehungen kennenlernen. Zudem bin ich eine sehr gute Beobachterin und nehme vieles wahr, wenn ich auf andere Menschen treffe. Und es gibt durchaus Konstellationen, bei denen ich überhaupt nicht nachvollziehen kann, warum ein Paar sich nicht trennt.

Leider gibt es auch im Jahr 2023 in vielen Beziehungen immer noch ein riesiges finanzielles Ungleichgewicht. Frauen, die jahrelang die gemeinsamen Kinder betreut oder sich um pflegebedürftige Angehörige gekümmert haben, während der Partner in Vollzeit erwerbstätig war, haben im Falle einer Trennung schlichtweg Angst vor dem finanziellen Abstieg. Diese Bedrohung durch (Alters-)Armut ist nicht einfach wegzureden. Sie ist real.

So bleibt die Frau in einer Beziehung, in der sie sich nicht mehr wohlfühlt, weil sie es sich einfach nicht leisten kann, sich zu trennen. Aber auch mancher Mann verharrt im Unglück, weil er sich ein Leben mit Unterhaltszahlungen nicht leisten kann oder will. Ja, eine Trennung ist nicht nur schmerzhaft, sondern richtig teuer. Und wenn sich ein Paar das nicht leisten will oder kann, tja, was macht man dann? Aushalten, fremdgehen, leiden.

Es gibt diese Beziehungen, denen die Liebe abhanden gekommen ist. Es gibt Paare, die nur noch aus Gewohnheit oder Angst zusammen sind. Aber es gibt auch die Paare, die sich trennen, obwohl die Liebe nie das Problem war. Das ist übrigens mein Standardsatz, wenn Markus und ich uns streiten oder etwas im Argen liegt. Oft sagt mein Mann dann irgendwann: „Ich liebe dich." Und meine Antwort ist dann immer:

„Liebe ist und war nie das Problem."

Das löst zwar kein Problem, bringt aber immer das Allerwichtigste wieder zurück auf den Punkt: die Liebe. Ich glaube an die Liebe. Und ich fürchte, dass viele Paare sich trennen, obwohl sie sich lieben.

Wir sind täglich sehr vielen Herausforderungen ausgesetzt. Auf unseren Beziehungen, auf uns selber lastet sehr viel Druck. Und leider denken die meisten, dass das so sein muss. Wenn in den meisten Beziehungen nicht die Liebe das Problem ist, wäre es dann nicht klug, mal über unseren Druck, unsere Denkweisen und unseren Umgang miteinander nachzudenken?

So oft verlieren wir uns in Nichtigkeiten und Anforderungen des Alltags. Wir fangen an, bestimmte Dinge zu tun, weil wir denken, dass sie von uns erwartet werden, dass es so sein muss. Dabei entfernen wir uns immer mehr von unseren Werten, unserem Idealismus und unseren wirklichen Zielen. Mich selbst hat dieses Selbstoptimierungsdings super gestresst. Diese Gedanken, wie eine Ehe sein muss, wie ich als Mutter sein muss, als Hausfrau. Das Bild nach außen war mir viel wichtiger, als mich ehrlich meinen Gefühlen und Gedanken zu stellen.

Trotz all unserer Liebe waren Markus und ich schon oft atemlos. Wir saßen beide schon auf gepackten Koffern. Dass wir nicht gegangen sind, lag nicht daran, dass wir nicht wussten, wohin wir gehen sollten. Aber wir wussten, dass etwas Elementares passiert, wenn wir mit dem Koffer aus der Haustür gehen. Dass wir einen Riss herbeiführen, der nicht zu kitten ist. Es war immer eine gewissen Hemmschwelle da, die wir beide nie übertreten wollten. Wenn man erst einmal gegangen ist, was passiert dann? Kommt man wieder? Wie soll der erste Schritt aussehen? Was passiert mit den Kindern? Will ich wirklich gehen? Oder streiten wir nur, weil wir mit unserem Standpunkt unzufrieden sind? Und ein „Bitte geh nicht“ ist leichter ausgesprochen, als der Satz: „Bitte komm zurück.“

Es gab Zeiten, die waren so herausfordernd, dass ich mich rückblickend frage, wie wir das ausgehalten haben. Alle beide (es ist ein sehr verbreiteter Irrglaube, dass nur einer leidet, wenn es in einer Beziehung hakt). Auch wenn Markus lange nicht so unzufrieden war wie ich, war es dennoch alles andere als gut. Die Stimmung war gedrückt, die Luft oft zum Schneiden dick. Da mussten wir beide ganz schön viel in Kauf nehmen. Im Nachhinein betrachtet, bin ich heilfroh, dass

wir das so geschafft haben. Dass es auch niemals einen anderen Mann bzw. eine andere Frau gab. Ich weiß nicht, ob wir der Versuchung des Neuen, des erst mal Leichteren hätten widerstehen können (zum Thema Fremdgehen auch später mehr).

Doch eine Langzeitbeziehung muss nicht Langzeitleiden bedeuten. Es gibt sicherlich in jeder Beziehung Momente, Phasen oder Abschnitte, die super herausfordernd sind. Wie in der Aufzählung oben gibt es genügend Gründe, warum es mal richtig schwer sein kann. Unser Leben, unsere Beziehungen, ja einfach alles besteht aus Polaritäten.

Ich glaube, wenn wir nicht auch schwierige Phasen hätten, wüssten wir uns gar nicht so zu schätzen. Ich weiß nicht, ob ich den morgendlichen Kaffee, der mir im Bett serviert wird, so genießen könnte, wenn ich nicht auch ganz andere Tagesanfänge erlebt hätte. Heute liebe ich meine Freiheit, diesen Kaffee im Bett zu trinken. Ich liebe meinen Mann dafür, dass er mir den Kaffee bringt, und ich liebe mich, dass ich diesen wertschätzend annehmen kann.

Die große Liebe fällt vielleicht vom Himmel, eine glückliche Beziehung nicht

In Filmen, Magazinen und natürlich in Social Media, wird einem häufig suggeriert, dass alles im Leben rosarot ist. Das alles total easy und toll ist. Das ist Bullshit, meine ich, und auch überhaupt nicht erstrebenswert. Wir würden ja gar nicht wachsen – weder alleine noch gemeinsam –, wenn wir keine Herausforderungen hätten. Das einzige, wovor ich Angst habe, ist, dass einem die Herausforderungen und Anstrengungen zu viel werden. Dass es einfach reicht. Glaube mir, ich

schreibe hier ehrlich und echt: Dieser Gedanke ist uns vertraut. Doch bislang stand hinter jeder Anstrengung ein riesengroßes Warum, ein feste Überzeugung, dass sich das alles lohnt.

Markus nicht als selbstverständlich zu betrachten und aus einer gemeinsamen Vergangenheit eine gemeinsame Zukunft bauen zu wollen, ist für mich ein großes Warum.

Das ist unsere Transformation in einen magischen Moment.

Das ist der Moment, in dem aus ICH ein WIR

wird. Wenn ich mir nicht mehr sagen muss, dass ich alles schaffe, wenn ich mir oder uns nicht mehr sagen muss, dass wir eine gemeinsame Zukunft haben, sondern ich es weiß, wir es wissen. Der Moment, wenn jeder von uns es tief in sich fühlt.

Bei allen Paaren, auch bei uns, setzt eine glückliche Beziehung die Bereitschaft voraus zu investieren. Ich spreche nicht vom Geld, sondern von Arbeit, Mühe, Frust und Durchhaltevermögen. Bist du bereit, das alles in deine Beziehung zu investieren? Wenn du jetzt Ja sagst, dann ist das schon mal ein guter Anfang. Ich komme aber noch zu einem wichtigeren Kernthema. Vielleicht dem wichtigsten überhaupt. Bist du bereit, Verantwortung für dich zu übernehmen?

Denn das ist, kurz gesagt, der Schlüssel zum Glück: wenn beide die Verantwortung für ihr Leben übernehmen. Zu diesen sehr wichtigen Punkten komme ich später noch ausführlicher. Doch ich stelle dir

diese Frage jetzt schon, weil es, wenn du innerlich mit Nein antwortest (was natürlich okay ist), wenig Sinn ergibt, jetzt weiter zu lesen.

Eine glückliche Beziehung ist nichts, was uns in den Schoß fällt.

Nach der ersten Verliebtheit und der Ankunft im Alltag beginnt die Arbeit. Glück und Liebe sind nicht in Stein gemeißelt. Sie sind wie Pflanzen, die gepflegt und gedüngt werden möchten.

Unsere „Koffer-Momente" sind schon lange her. Der Weg bis heute war teilweise steinig, teilweise leicht, völlig natürlich und wiederrum völlig überraschend. Vieles haben wir verändert seither. Aber das Allerwichtigste war und ist: Wir haben uns immer wieder füreinander entschieden und tun es weiterhin jeden Tag.

Wenn ich diesen Satz schreibe, werden meine Augen etwas feucht. Ich meine, wie krass ist das denn, zu wissen, es gibt da jemanden, der sich jeden Tag für mich entscheidet?

Der sein Leben mit mir teilen möchte. Der fest an uns bzw. an mich glaubt. Bei dem ich genauso sein kann, wie ich bin. Denn wenn ich es nicht bin, durchschaut er mich. Und ich ihn. Diese Entscheidung haben wir beim ersten Kennenlernen, beim ersten Date, beim Zusammenziehen und in vielen weiteren Schlüsselmomenten getroffen. Ich erinnere mich noch gut an die Nacht vor unserer standesamtlichen Hochzeit. Wir konnten beide nicht einschlafen und haben viel über die Liebe und die Ehe gesprochen. In dieser Nacht versprachen wir uns: „Wir geben uns niemals miteinander zufrieden."

Im Alltag verblassen solche Momente häufig. Das ist uns auch passiert. Wir haben uns gegenseitig oft für völlig selbstverständlich genommen und uns auch mit Situationen oder Zuständen zufriedengegeben. Das hat uns und unserer Beziehung überhaupt nicht gut getan.

Sich diesen Satz in Erinnerung zu rufen und auch die Tatsache, dass keiner von uns bleiben *muss*, sondern bleiben *will*, löst immer wieder Demut in uns aus und verändert unseren Blickwinkel.

Ob wir für immer diese Entscheidung treffen? Keine Ahnung, ehrlich. Es ist nichts in Stein gemeißelt und ich halte nichts von diesem ganzen „Bis dass der Tod euch scheidet"-Quatsch. Doch etwas, was ich zutiefst glaube und auch versprochen habe: Wir lieben uns, solange wie wir uns lieben. Bedingungslos. Solange wir also beide sagen können „Die Liebe ist nicht das Problem", glaube ich an unsere Zukunft.

Dieses Bewusstsein, dass wir einander nicht selbstverständlich sind, dass wir gut für uns und füreinander sorgen, erfüllt uns sehr. Dennoch ist und bleibt es auch immer wieder harte Arbeit. Das willensstarke Ego, dieses ganze irdische Drama, aus dem wir uns nicht immer befreien können, hinterlässt Spuren.

Es ist ja auch eine Art des Respekts gegenüber den 27 Jahren, die wir gemeinsam durch das Leben gehen, dass wir anerkennen, dass diese Jahre uns auch gefordert haben. Betrachte es doch mal so: Jede Narbe erzählt eine Geschichte. Jede Narbe erzählt von einer Wunde, die geheilt ist. Ich weiß nicht, wie es bei euch ist, aber in unserer Beziehung haben wir uns gegenseitig schon öfter mal einen Kratzer verpasst. Mal oberflächig, mal tief.

Die Entscheidung, wie ich mit diesen Narben umgehe, liegt bei mir. Ich bin stolz darauf. Denn auch ein steiniger Weg ist ein Weg. Wir sind ihn gegangen und gehen ihn immer noch.

Als wir uns verliebt haben, war ich noch nicht einmal 15. Heute muss ich oft schmunzeln, wenn ich meine Töchter beobachte. Sie führen mir vor Augen, wie leicht und schön es ist, glücklich verliebt zu sein, und ich erinnere mich an unsere erste Zeit. Und ehrlich? Das ist doch herrlich! Diese Verliebtheit damals, was war das für eine Welt.

Sehr bald haben wir dann unsere Leichtigkeit gegen Verantwortung getauscht, als wir ungeplant, aber nicht ungewollt früh Eltern geworden sind – das Beste, was uns passieren konnte. Zwei sehr selbstständige und dickköpfige junge Menschen mussten sich also plötzlich um ein kleines Menschlein kümmern. Es hat so oft gerappelt im

Karton. Besonders, wenn wir nicht alleine waren und der Welt und uns beweisen mussten, wie gut wir das hinbekommen. Da war viel Druck auf dem Kessel. Sich dann als Paar immer wieder neu zu finden und neu zu sortieren war (und ist) anstrengend.

Durch dieses ständige Neufinden und Neusortieren haben wir überhaupt erst begonnen zu hinterfragen, was wir eigentlich vom Leben wollen. Wo die Reise hingehen darf. Und (überraschenderweise?) sind uns heute völlig andere Dinge wichtig als noch vor 20 Jahren. Und ich vermute, in 20 Jahren ist wieder alles neu.

Das war nicht immer einfach. Es gab genug Momente, in denen es wahrscheinlich leichter gewesen wäre, alles hinzuschmeißen. Und ich rede hier nicht davon, dass es anstrengend war, meinem Mann immer wieder zu erklären, dass er das gebrauchte Geschirr doch bitte in die Spülmaschine räumen möge. Denn im Grunde genommen ist es doch ziemlich egal, ob und wie Markus sein Geschirr aufräumt. Aber mein Ärger über diese benutzten Tassen und Teller hatte eine ganz andere Ursache. Es geht darum, was ich wirklich gefühlt habe, wenn ich das Geschirr auf der Küchenzeile rumstehen sah. Es ging um meinen Selbstwert und meine Glaubenssätze. Markus hat die Tassen und Teller ja nicht stehen gelassen, weil er mir etwas Böses wollte. Ich habe es nur so interpretiert.

Meine Gedanken haben daraus ein riesen Ding zum Thema Selbstzweifel, Selbstwert und Wertschätzung gemacht.

Im Grunde genommen waren es nur Tassen, die auf der Arbeitsplatte standen. Doch ich habe mir die Zähne daran ausgebissen, dass er endlich, in meinen Augen, etwas ordentlicher wird. Dass er gefälligst die Dinge so macht, wie ich das erwarte und mein Ego zufrieden ist.

Dass er sein Geschirr nicht aufräumt, war für mein Ego ein Hinweis auf: Der liebt mich nicht. Der schätzt mich nicht. Der will mich ärgern. Ich muss alles alleine machen. Der ganze Haushalt bleibt an mir hängen. Der macht mir extra das Leben schwer.

Weißt du, was wir beide tun durften, um aus diesem innerlichen Drama rauszukommen? Ja, du liest richtig, wir beide. Mein Mann hatte nämlich ähnliche Gedanken, nur bei anderen Themen. Zum Beispiel, wenn ich beim Kochen den benutzten Löffel auf die Arbeitsplatte ablege oder immer einen kleinen Schluck Kaffee in meiner Tasse lasse. Diese Sachen haben ihn echt genervt und ähnliche Gedanken bei ihm ausgelöst.

Wir haben den Dreh hinbekommen und hinter unserem Ärger unsere persönlichen Denkmuster und Glaubenssätze erkannt. Denn genau darum geht es: zu hinterfragen, was mich da jetzt genau ärgert. Und dann Lösungen finden.

Ich stelle mittlerweile eine Untertasse neben den Herd, um meinen Löffel darauf abzulegen. Und Markus' Kaffeetassen? Die wandern in die Spülmaschine. Nicht immer, aber immer öfter. Beide Konfliktpunkte glücklich gelöst. Unser persönliches Umdenken und das Erkennen der eigenen Trigger sind eine riesengroße Hilfe dabei gewesen.

Also wenn es gerade bei dir (noch) etwas haarig ist, kann ich dir Mut machen. Es kann sich alles ändern.

Die Frage ist nur: Möchtest du das?

Ich habe Frauen getroffen, die waren zwar unglücklich in ihrer Beziehung und mit ihrer Rollenverteilung, aber sie haben trotzdem nichts verändert oder getan. Sie sind in der Opferrolle geblieben und haben sich darin gesuhlt. Sie haben auf Anerkennung, Liebe und Zuneigung gewartet und sind am langen Arm verhungert. Der Schritt, der etwas verändert hätte, war schmerzhafter oder furchterregender als im Unglück zu verharren. Da war die Liebe für sich selbst einfach nicht groß genug.

Ich möchte gar nicht über diese Beziehungen oder diese Frauen urteilen. Das einzige, was ich möchte, ist, dich einzuladen, mal einen Schritt zurückzutreten und in aller Ruhe dich, deinen Partner und eure Beziehung zu betrachten:

- **Warum seid ihr ein Paar?**
- **Was fandest bzw. findest du an ihm anziehend?**
- **Warum bist du mit deinem Partner zusammen?**

Vielleicht musst du angestrengt in deinem Oberstübchen nach den Antworten kramen. Wenn das der Fall ist, gib nicht zu früh auf. Ich bin mir sicher, dass du fündig werden wirst.

Bevor wir in die Tiefen unserer Beziehungen eintauchen und gemeinsam Missverständnisse und Kommunikationsfehler aufdecken, möchte ich noch etwas aus dem Nähkästchen plaudern.

Es gibt sie, die große Liebe. Die Liebe, die man nicht erklären kann. Die Liebe, die sich auch nach fast 30 Jahren noch fantastisch anfühlt (nur etwas weicher, weil auch die Körper etwas weicher werden ...).

> Liebe, die dir vor Rührung Tränen in die Augen treibt.
>
> Liebe, die immer noch überrascht.
>
> Liebe, die dir den Boden unter den Füßen wegzieht.
>
> Liebe, die dich manchmal immer noch um den Verstand bringt.

Ich glaube sagen zu können, dass wir diese Liebe gefunden haben. Dass wir uns auch nach so langer Zeit noch umwerfend finden. Das ist nicht jeden Tag der Fall. Aber es gibt immer wieder diese Momente, in denen ich meinen Mann beobachte und dann denke: „Jau, den nehme ich gleich mit nach Hause." In denen wir beide kaum fassen können, wieviel Glück wir haben. Dieses Gefühl, dass unser Partner uns zu einem besseren Menschen macht. Das man für ihn oder sie immer das Beste geben möchte.

Diese Liebe ist auch für dich da und möglich. Es geht in langen Beziehungen nicht darum, sich zufriedenzugeben. Es geht darum, gemeinsam zu wachsen. Sich gemeinsam weiterzuentwickeln. Sich immer wieder aneinander reiben und gemeinsam Ecken und Kanten zu pflegen.

Ja, du liest richtig: Statt immer gegen die Ecken und Kanten anzukämpfen, was super anstrengend und überhaupt nicht förderlich für die Beziehung ist, sollten wir viel öfter unsere Ecken und Kanten pflegen. Sie feiern. Auch feiern, was sie so auslösen. Sie fordern uns. Sie triggern uns. Und das ist gut so. Denn was wäre die Alternative? Was würde es für dich, für euch bedeuten, wenn es keine Höhen und Tiefen mehr gäbe? Überleg mal, wieviel Leidenschaft bei einen Streit bzw. einer anregenden Diskussion freigesetzt wird. Das entzündet doch innere Feuer. Es zeigt dir, dass dir jemand wichtig genug ist, um dich mit ihm zu streiten Alle, die mein Buch „Sei die Liebe deines Lebens" gelesen haben, wissen, was gemeint ist ... und auch ich muss mir das an den Kühlschrank pinnen, damit ich mich daran erinnere, wenn es hier das nächste Mal kracht ...

Zwei ist nicht gleich zwei

Warum wir die Ursache vieler Konflikte nicht in der Beziehung zu suchen brauchen

Es gab eine Zeit, da waren Romantik und schöne Zweisamkeit für uns Fremdwörter. Wir waren so sehr damit beschäftigt, uns gegenseitig Vorwürfe zu machen und einander aufzurechnen, wer was macht und wer wieviel leistet, dass wir uns sehr voneinander distanziert haben. Es war sogar so, dass ich mir eingeredet habe, ich sei halt nicht so der romantische Typ. Und ich habe es mir sogar geglaubt. Manchmal bauen wir uns Mauern aus Irrglauben um uns auf, um die Realität besser ertragen zu können. Denn im Grunde haben Markus und ich uns sehr nach Romantik und Zweisamkeit gesehnt.

Das merkte ich jedes Mal, wenn ich eine romantische Komödie anschaute. Vielleicht kennst du die Filme mit Jennifer Aniston, Sandra Bullock, Julia Roberts oder Drew Barrymore? Du weißt schon bevor es losgeht, dass du bei so viel rosaroter Romantik dahinschmilzt.

Selbst in Filmen, in denen versucht wird, eine starke Frau darzustellen, kommt irgendwann der Moment, wo der Traumprinz sich für seine Traumfrau zum Affen macht und ihr zu Füßen liegt. Im Film „Und dann kam Polly" isst der völlig ernste und sicherheitsbewusste Ben Stiller sogar Erdnüsse von der New Yorker Straße – wenn das mal kein echter Liebesbeweis ist.

Im wahren Leben begegnet uns so etwas eher selten. Mir jedenfalls. Mein Mann kommt nicht jeden Tag mit einem Strauß Rosen nach Hause und brüllt leidenschaftlich „Prinzessin Ellen!" (wie in „Pretty Woman"). Er rannte auch nicht zu meinem Vater, griff nach meiner Hand und raunte: „Mein Baby gehört zu mir", wie Patrick Swayze es in „Dirty Dancing" getan hat. (Wenn es bei dir so ist, schreib mir unbedingt!!!)

Bei uns ist der große Strauß roter Rosen eher ein Bund Tulpen aus dem Supermarkt. Und darüber freue ich mich riesig. Aber um realistisch zu bleiben: Auch das kommt sehr selten vor.

Jetzt mal unter uns: Wie viel Hollywood würdest du dir aber in deinem Leben wünschen? So ein kleines bisschen mehr Romantik? Oder etwas mehr Einfallsreichtum, als täglicher Beweis eurer großen und nie endenden Liebe?

Die Geschmäcker gehen da bekanntlich auseinander. Eine Bekannte erzählte mir mal, dass ihr Exfreund Liebeslieder für sie geschrieben und ihr dann auf der Gitarre vorgespielt habe. Ähm, was soll ich sagen? Das wäre definitiv nichts für mich. So gar nicht.

Was auch immer Romantik genau für dich ist: Ich vermute, dass es in den meisten langjährigen Beziehungen davon ruhig etwas mehr geben könnte. Doch wir können uns unsere Welt nicht nur rosaroter wünschen, sondern auch gestalten. (Das zudem immer nur den Herren zu überlassen, finde ich jetzt auch recht altmodisch.)

Leider bekommen wir dafür, anders als die Schauspieler:innen in den Filmen, kein Drehbuch. Ein perfekter Ablauf, voller Liebe, Überraschungen und so weiter. Manchmal würde ich mir genau das für unsere Beziehung wünschen: jemand, der sowohl Markus als auch mir ein Drehbuch liefert, in dem genau drinsteht, was wir wie und wo zu sagen haben. In dem steht, was der andere gerade braucht oder wonach er sich sehnt. Ein Skript, das uns das romantische Liebesleben auf dem Silbertablett serviert.

Aber um ehrlich zu sein: Fände ich das wirklich so super mit dem Alltag made by Hollywood? Es ist manchmal schon etwas verrückt. Wir wünschen uns etwas und wenn wir es dann bekommen, können wir es nicht annehmen.

Die Sache mit dem Rucksack

Und oft können wir nicht wertschätzen, *was* unser Partner für uns tut. Das ist übrigens völlig unisex. Es gilt für Männer und für Frauen. Wir nehmen vieles einfach für so selbstverständlich und erwarten stattdessen Hollywood.

Diese Verkitschung der Liebe ist nicht gut für uns. Denn diese Filme, diese Bilder von Liebe und Beziehung beeinflussen uns und unsere Vorstellungen davon, wie Liebe zu sein hat. Und auch unser familiäres und gesellschaftliches Umfeld prägt uns. Meistens mehr, als uns lieb ist.

Du glaubst, bei dir ist das nicht so?

Liebes, das wäre fantastisch und wir hätten so viel weniger Probleme. Fakt ist aber, dass jede:r von uns mit einem Rucksack durchs Leben rennt, der vollgepackt ist mit Erfahrungen, Prägungen und Glaubenssätzen. Du hast beispielsweise in deiner Kindheit des Öfteren die Erfahrung gemacht, dass du immer nur brav lächeln musst und schon wirst du mit Schokolade oder Süßigkeiten belohnt. In deinem Rucksack trägst du also mit, wenn du immer lieb und brav bist, bekommst du eine Belohnung.

Dein Partner kennt dich schon eine ganze Weile und weiß natürlich, wie du tickst. Wie du dich verhältst und auch wo deine Trigger sind. Wir sind in diesen zwischenmenschlichen Verhalten schon recht gut – wenn auch oft völlig unbewusst. Diese Trigger können von jemandem bewusst provoziert oder von der Umgebung, in der du unterwegs bist, zufällig angeworfen werden.

Beobachte dich mal, wenn du von einer Party nach Hause kommst, wo du von (scheinbar) glücklichen Pärchen umgeben warst. Oder fühle nach, in welcher Stimmung du bist, wenn du einen romantischen Liebesfilm angeschaut hast. Welche Gedanken hast du, wenn du dich mit Freundinnen getroffen hast und sich alle anderen über ihre Männer aufgeregt haben?

Unser Unterbewusstsein filtert unsere Wahrnehmung und auch die Reize, die wir wahrnehmen.

Es ist also elementar wichtig, dich zu fragen, in welcher Stimmung du bist bzw. wie voll dein Selbstliebe-Akku gerade ist.

Denn das ist entscheidend für unseren inneren Filter.

Ebenso beeinflussen auch äußere Umstände wie Freund:innen, Eltern oder Arbeitskolleg:innen unseren Filter. So wie auch die Beziehungen, die wir seit Kindesbeinen an erlebt haben, uns sehr beeinflussen.

Ich bin so einem Trigger-Mechanismus mehr als einmal in die Falle gegangen. Bei einer Hochzeit haben die Worte des Pfarrers und das Ehe-Versprechen ganz viel Traurigkeit in mir ausgelöst. Das zog sich durch den Abend. Die Tatsache, dass wir uns in typisch westfälischer Runde (Männer auf der einen, Frauen auf der anderen Seite) bewegt haben, war nicht förderlich. Die Gespräche waren so nervig und haben mich noch mehr getriggert. Ich fühlte mich von meinem Mann total links liegen gelassen. In mir war so eine große Diskrepanz zwischen dem, was wir uns auch versprochen hatten, und dem was wir lebten. Es kam viel zusammen – unter anderem auch noch Alkohol –, sodass ich gegen Mitternacht meinem völlig überforderten und verdatterten Mann eine krasse Szene auf dem Parkplatz gemacht habe. Es war alles dabei, heulen, schreien, weglaufen … Wir sind dann zwar doch gemeinsam nach Hause, aber ich habe die ganze Nacht geheult. Und Markus wusste gar nicht warum.

Heute kann ich dir sagen, dass ich meine Emotionen überhaupt nicht kontrollieren, geschweige denn regulieren konnte. Ich habe sämtliche Trigger einfach auf mich einprasseln lassen. Und irgendwann ist das Fass übergelaufen. Dass der Zeitpunkt denkbar ungünstig war, dass sich das alles nur in meiner Welt abgespielt hatte, hat mich nicht interessiert. Oder anders gesagt: Mir war nicht klar, dass mein unbewusstes Verhalten und mein eigener Rucksack so eine Macht über mich hatten.

Jeder Mensch trägt ja so einen Rucksack, auch mein Mann hat seinen eigenen. Auch seine Trigger habe ich mit Bravour bedient. Meine Szene hat bei ihm ganz viel ausgelöst. Und auch er konnte zu dem Zeitpunkt seine Emotionen nicht regulieren.

Wie du an meiner Geschichte siehst, geschieht super viel unbewusst. Du solltest also wissen, dass du und auch dein Partner einen Rucksack tragen, der prall gefüllt ist mit Erinnerungen, Erfahrungen, Prägungen, Emotionen. Dieser Rucksack beeinflusst. Er stellt quasi den Filter ein, mit dem wir unsere Welt wahrnehmen. Er beeinflusst, wie wir reagieren. Er lässt uns hochgehen wie eine Rakete.

Was aber nicht bedeutet, dass wir keine Verantwortung für unser Verhalten tragen! Also nicht, dass du jetzt denkst: „Ach, da habe ich mich total mies verhalten – aber das war halt mein Rucksack." Davon halte ich persönlich gar nichts.

Es ist super wichtig, sich seines Rucksacks bewusst zu werden und zu lernen, die eigenen Emotionen wahrzunehmen und zu regulieren. Damit meine ich allerdings nicht, dass du deine Emotionen unterdrücken sollst – auf keinen Fall. Auch wenn das in der spirituellen und Coaching- Szene oft so dargestellt wird: Also alles im Leben ist jetzt schön und fein und wir sind immer nur im sogenannten „High Vibe“ unterwegs. Nein, ich meine, dass wir lernen dürfen, auch mit unseren negativen Emotionen umzugehen und diese einzuordnen. Ich möchte dir das am Beispiel von Melanie erklären.

Wie unsere Wahrnehmung unser Erleben bestimmt

Melanie suchte mich auf, weil sie nicht mehr weiterwusste. Sie und ihr Mann waren seit zehn Jahren verheiratet, hatten zwei Kinder, ein Einfamilienhaus, zwei Autos usw. Beide hatten anspruchsvolle Jobs, dazu die Belastungen rund um das Haus und den Garten.

Die Aufgabenverteilung zu Hause empfand Melanie als sehr einseitig. Wenn ihr Mann morgens noch schlief, stand sie schon in der Küche, machte Frühstück und sorgte gleichzeitig dafür, dass die Kids sich anzogen und wuschen. Parallel machte sie die Küche sauber, überlegte, was es zum Mittagessen geben könnte und war gedanklich schon bei ihrem Job. Multitasking also. Sie hatte das Gefühl, innerlich heiß zu laufen, während ihr Mann gemütlich im Bett lag.

Hand aufs Herz, der erste Impuls, der kommt ist: Ungerecht, oder? Die Frau wuppt wieder mal alles alleine.

Ab und an hilft es jedoch, sich einen Blick von außen zu erlauben: Was Melanie mir da erzählt hatte, war ein klitzekleiner Einblick aus einem Leben. Dieser Ausschnitt war nicht objektiv, er war natürlich durch Melanies Filter beeinflusst worden.

Nachdem Melanie erzählt hatte, dass sie sich sehr allein gelassen fühle, dass sie es unfair finde, dass ihr Mann sich das Recht herausnimmt, länger zu schlafen, nickte ich zustimmend. „Ja, das ist schon unfair. Dass er das so kann, dich mit allem alleine zu lassen."

„Na ja, mit allem lässt er mich ja nicht alleine."

„Ach, okay, das hörte sich gerade anders an. Was übernimmt er denn?"

Melanie musste gar nicht lange überlegen.

„Oh, er holt die Kinder nachmittags aus der Betreuung ab. Dann geht er meist eben noch was einkaufen und hilft mir abends mit dem Kochen. Er ist für den Müll und den Garten zuständig. Damit habe ich gar nichts zu tun. Und oft arbeitet er noch, wenn die Kinder im Bett sind. Er nimmt sich auch eher den Staubsauger als ich und Unordnung räumt er viel schneller auf. Wenn ich das jetzt alles so aufzähle, macht er doch eine ganze Menge. Das hatte ich so gar nicht auf dem Schirm."

Schau mal einer an. Aus dem „Mein Mann lässt mich völlig alleine und wir haben eine total unfaire Rollenverteilung" wurde ein „Es ist schon recht fair aufgeteilt und er übernimmt einiges an Aufgaben".

Dieser veränderte Blick hatte einen riesigen Einfluss auf Melanies Beziehung. Auf einmal war sie nicht mehr die arme, bemitleidenswerte Mutter, die sich für alle und jeden den Hintern aufreißt. Sie konnte auch viel besser damit umgehen, wenn diese Gefühle von Überforderung doch in ihr hochkamen. Sie konnte sich entspannen. Sie konnte die Gefühle besser einordnen. Es war nicht mehr pauschal alles schlecht. Denn tatsächlich lief vieles auch richtig gut.

Melanie war ganz erstaunt, dass sie das vorher so nicht sehen konnte. Dass sie so in diesem Jammer- und Meckermodus feststeckte. Und zugegebenermaßen hatte ihr dieser Zustand auch recht gut gefallen. Denn in ihrem Umfeld war das sehr beliebt. Auf Männer zu schimpfen war ihr sehr vertraut. Die machen doch eh alles falsch. Männer kannste vergessen. Wenn du dich auf sie verlässt, dann biste verlassen.

Melanie wollte wissen, warum sie so schnell generalisierend anklagte. Sie wollte wissen, warum es ihr so schwer fiel anzuerkennen, was ihr

Mann wirklich alles tat. Also schauten wir uns gemeinsam die Beziehungen in ihrem Umfeld an.

In welcher Beziehung lebten die Eltern? Die Großeltern? Die Onkel und Tanten? Wie war die Situation bei ihren Freundinnen, Bekannten, Nachbarn? Was hatte sie im Laufe der Jahre mitbekommen? Was war in ihrem Umfeld „normal"?

Die Beziehung von Melanies Eltern war nicht liebevoll. Sie erzählte, dass sie nie verstanden hat, warum ihre Mutter ihren Vater nicht verlassen hat, obwohl sie jede Menge seelische Kränkungen und Erniedrigungen erdulden musste. Melanies Mutter hat nach den Kindern nicht wieder gearbeitet, sie fühlte sich oft nur geduldet und nicht wertgeschätzt. Ging etwas schief, gab ihr Vater grundsätzlich der Mama die Schuld dafür. Früher hätten sie sich oft angeschrien, heute schlucke ihre Mama nur noch, erzählte mir Melanie. Ihre Mutter hat ihren Elan, ihre Power und Tatkraft völlig verloren. Oft flüchteten sich beide Elternteile in den Alkohol. Das Feierabendbierchen und die Flasche Wein, als Belohnung.

Melanie hat so oft versucht, ihrer Mama zu helfen, ihr Möglichkeiten eröffnet, wie sie aus ihrem Opferdasein rauskommt. Doch ihre Mama hat keine einzige Möglichkeit ergriffen. Melanie wollte auf keinen Fall so werden wie ihre Mutter. Deshalb war ihr eine gleichberechtigte Beziehung total wichtig. Nur war Melanie so im Modus zu kämpfen und auf jeden Fall anders sein zu wollen, dass sie gar nicht merken konnte, dass sie schon lange anders war. Und auch die Tatsache, dass das Gefühl von Überforderung und Groll auf Männer in ihrem Rucksack steckte, beeinflusste ihr Glück. Diese Gefühle waren aber nicht ihre eigenen. Es waren an sie übertragene Gefühle.

In dem Moment, in dem Melanie dies bewusst wahrnahm, konnte sie es verändern und völlig anders damit umgehen.

Unbewusstes bewusst machen

Der unvoreingenommene Blick von außen (so unvoreingenommen wie man das als Mensch halt sein kann) hat Melanie geholfen, ihre Filter zu erkennen. Und zu erkennen, dass ihre Wahrnehmung nicht den Fakten entspricht. Dass alles mindestens zwei Seiten hat und es sich lohnt, einen Blick auf beide Seiten zu werfen.

Im Lauf unseres Gesprächs kam heraus, dass es gar nicht darum geht, wer wie viel macht.

Es ging vielmehr darum, dass die Gesamtbelastung sehr hoch war. Und zwar von beiden.

Ein Zustand, von dem, so glaube ich, heutzutage viele Mütter und Väter ein Lied singen können. Wir wollen in unseren Jobs das Beste geben, haben unseren Traum vom Eigenheim und einem harmonischen Familienleben. Doch die Anstrengung, die es braucht, um im Job immer das Beste geben zu können, stand nicht in der Stellenbeschreibung. Ebenso wenig wie die Überstunden, die Fahrzeiten zu Kunden, die notwendigen Fortbildungen und die Erwartung, ständig erreichbar zu sein. Denn wenn du nicht erreichbar bist und der Kollege der Chefin antwortet und nicht du, bist du raus. Das traumhafte Eigenheim oder die große schöne Wohnung mit den tollen

lichtdurchfluteten Räumen möchte geputzt, in Ordnung gehalten, repariert werden. In diesem Eigenheimtraum türmen sich Wäscheberge, die leider nicht wie von Zauberhand gewaschen und gefaltet in den Schrank zurück wandern. Der Traum vom Eigenheim oder der großen Wohnung rückt Familien auch schon mal an den Rand der finanziellen Belastbarkeit. Und dann gibt es auch noch die Kinder. Was es mit einem Paar macht, Eltern zu werden, dazu komme ich später noch. Aber dass Mütter, nachdem sie sich vielleicht schon jahrelang ein Kind gewünscht haben, die erste Zeit mit Baby als schlimmste Zeit ihres Lebens benennen? Ja, das schockt selbst mich.

Doch es ist richtig. Ein Baby oder Kind zu bekommen, wirft das Leben so ziemlich über den Haufen. Wenn noch eine ordentliche Portion Perfektionismus dazukommt, steht das Leben Kopf. Denn das sagt einem (leider oder Gott sei Dank) niemand vorher. Kinder funktionieren nicht nach Plan. Sie triggern von der ersten Sekunde an unser schlechtes Gewissen genauso wie den Drang, alles perfekt und richtig machen zu wollen. Wenn wir dann die Phase der schlaflosen Nächte (manchmal sind das die ersten zehn Jahre) überstanden haben, die Zähne alle da und wieder ausgefallen sind, sich vielleicht auch noch Geschwister dazugesellt haben, dann geht es los … Dann muss der Alltag irgendwie bewerkstelligt werden. Solange alle Beteiligten gesund und munter sind, ist das gerade noch machbar. Aber sobald die Kinder krank werden (kommt ja glücklicherweise nicht so oft vor ... Ironie), die Tagesmutter, Kita oder Schulkindbetreuung ausfällt, bricht der ohnehin auf Kante genähte Familienalltag wie ein Kartenhaus in sich zusammen. Wer bleibt beim Kind? Wer kann es sich erlauben, nicht zur Arbeit zu gehen?

Versteht mich bitte richtig, ich möchte auf keinen Fall wieder zurück in die Zeit, als selbstredend die Frau sich um Kinder und Haushalt gekümmert hat. Ich möchte nur deutlich machen, unter welcher Belastung ein modernes Familienleben steht. Dazu kommt natürlich auch noch, dass es selten ist, dass wir einfach unser Ding machen können. Ich bin immer wieder überrascht, wer alles meint, seinen wichtigen Senf zum Familienleben dazugeben zu dürfen. Es ist schon spannend, wie sehr Kinder und Familie zu ungefragten Diskussionen anregen. Welche spitzen Bemerkungen fallengelassen werden. Das ist so anstrengend und belastend.

Und diese Belastung, die muss eine Beziehung erstmal tragen. Oft denken wir, dass wir solche extremen Belastungen auch gar nicht aushalten können. Doch das ist ein Irrglaube. Wir halten so viel mehr aus, als wir denken. Allerdings mit gruseligen Konsequenzen.

Die Scheidungsquote ist irre hoch. Die Zahl der an Depressionen, Angststörungen und Burnout Erkrankten ist wahnsinnig gestiegen. Wir haben nicht mal ansatzweise genügend Therapieplätze, die Wartezeit beträgt mitunter sechs Monate. Und nicht nur, dass wir Erwachsenen diese Belastungen tragen – Kinder ja genauso. Auch wenn es vielleicht nicht gesagt wird: Kinder müssen heute oft einfach funktionieren. Ansonsten funktioniert das Familienkonstrukt nicht mehr.

Diese Erwartung müssen Eltern nicht einmal aussprechen. Kinder sind hochsensible Wesen. Sie spüren unsere Anspannung. Sie spüren unsere Belastung. Und es liegt in der Natur eines jeden Kindes, dass es Mama und Papa glücklich machen möchte. Das heißt im Umkehrschluss, dass sich Kinder ganz schnell verantwortlich fühlen, wenn es nicht läuft.

In diesem ganzen Dilemma habe ich ja noch gar nicht erwähnt, welche Prägungen wir gerade bei unseren Kindern setzen. Ich kann nicht für euren Familienalltag sprechen. Doch ich kann ihn hinterfragen. Überlege mal: Wie ist es bei euch? Würdet ihr euren Umgang, euer Sein, eure Stimmung, eure Gespräche als nachahmenswert beschreiben? Denn das alles hat große Auswirkungen auf eure Kinder. Es gibt Familien, die haben so einen krassen Umgangston miteinander, die keifen sich so dermaßen an, dass ich mich frage, ob sie genug Geld zurücklegen, um später die Therapeut:innen für die Kinder bezahlen zu können.

Und was hat das jetzt mit einem Beziehungsratgeber zu tun? Alles.

Überlege mal, wie du bist, wenn du unter Druck stehst. Überlege mal, wie dein Partner ist, wenn er unter Druck steht. Und wir machen uns diesen Druck oft selbst und machen uns, unsere Beziehung, unser Leben damit kaputt.

Überlege mal, wer gibt zu deiner Beziehung ständig seinen Senf dazu? Wen hast du oder dein Partner gedanklich immer dabei?

Bei Melanie und ihrem Mann war die Situation ähnlich. Jeden Sonntag wurde die kommende Woche akribisch geplant. Fahrdienste, Betreuung, Sport, Musikschule, Einkaufen, Essen. Das Leben glich einer endlosen To-do-Liste.

Es war super anstrengend, besonders, wenn eines der Kinder krank wurde oder sonst etwas Unvorhergesehenes passierte.

Als wir das gemeinsam aufschrieben und diese Wochenliste vor Melanie lag, schaute sie mich an und fragte: „Wann ist das passiert?"

„Was ist passiert?"

„Dass ich mich so verändert habe. Dass wir uns so verändert haben. Wir wollten in diesem Affenzirkus nicht mitmachen. Wir wollten immer frei und lebendig sein. Doch ich fühle mich wie 60 in einer never ending story. Kein Wunder, dass wir zu müde sind für Romantik, Dates und Sex."

Eine Mega-Erkenntnis, vor allem, weil wieder einmal die Liebe nicht das Problem ist.

An dem Tag hat Melanie kein einziges To-do erledigt. Sie hat nichts gemacht. Sie hat die Wäsche nicht gefaltet und hat nicht eingekauft.

Als ihr Mann von der Arbeit nach Hause kam, fand er seine Frau mit den Kindern im Wohnzimmer Memory spielen. Sie lachten und alberten herum. Er schaute sie völlig verdattert an. Auf die Frage, was es zu essen gäbe, kicherten die Kinder: „Pizza – aus der Tiefkühltruhe." Er machte immer noch große Augen. „Und die essen wir draußen, auf dem Trampolin." Du kannst dir vorstellen, wie kraus seine Stirn war.

Sie backten gemeinsam Minipizzen auf und aßen sie draußen auf dem Trampolin. Sie haben zusammen gelacht, gealbert und sich gefreut. Die Kinder sind glückselig und ohne das übliche Drama ins Bett gegangen.

Als Melanie und ihr Mann gemeinsam die Küche aufräumten, fragte er, was los sei. Melanie antwortete: „Wir müssen reden." Er guckte völlig entgeistert. „Nein, nicht das, was du meinst. Ich will mich nicht trennen. Aber ich will nicht so weiter machen. Ich finde es zu viel und habe oft das Gefühl, alleine zu sein. Das ist gar nicht wahr, das weiß ich. Aber dennoch fühlt sich unser Leben zu anstrengend an."

Sie setzten sich auf die Couch und redeten. Dass die aktuelle Situation für beide sehr unbefriedigend war, wurde endlich angesprochen. Auch dass sie beide unter einer extremen Belastung standen, konnte endlich mal gesagt werden. Dass sie beide sehr unterschiedliche Bilder im Kopf hatten, wie ihre Beziehung und ihr Familienleben sein sollte, wurde ihnen erst im Gespräch klar. Viele Dinge passieren halt einfach, während wir damit beschäftigt sind, das Leben zu planen.

Soviel ich weiß, sind Melanie und ihr Mann immer noch zusammen. In unserem letzten Gespräch war es immer noch so, dass er morgens im Bett liegen blieb. Doch statt durch die Küche zu wetzen und tau-

send Sachen zu erledigen, saß Melanie jetzt mit ihren Kindern am Tisch und trank in Ruhe ihren Kaffee. Denn die Schulbrote bereitet ihr Mann jetzt abends vor. Melanies Gelassenheit wirkt sich positiv auf die Kinder aus. Wenn sie mal nicht pünktlich sind, dann ist das eben so. Sie geben ihr Bestes. Jeden Tag. Sie haben sich den Druck genommen, alles perfekt machen zu müssen. Dadurch ist auch wieder Raum entstanden für Liebe und Zuneigung. Sie freut sich über seine kleinen Nachrichten, die er ihr auf der Küchenzeile hinterlässt. Er freut sich, dass sie nicht mehr ständig an ihm rummotzt und ihn auch wieder mit ihren Blicken auszieht. Die Tage werden nicht mehr so strikt geplant.

Sie waren und sind spontane Menschen. Das sind ein paar ihrer wichtigsten Werte. Sie haben sich vor Augen geführt, dass sie durchaus eine gleichberechtigte Beziehung führen.

An der Stelle musste Melanie echt vieles loslassen: viele alte Prägungen, viele Gespräche aus dem Umfeld. Sie durfte erkennen, dass sie beeinflusst wurde. Klar, wir werden alle ständig beeinflusst. Aber ihr Mann hatte keine Chance. Der hätte barfuß übers Wasser gehen können und Melanie hätte gedacht, er ist zu deppert zum Schwimmen.

Ihren Mann wertzuschätzen, das war gar nicht so schwierig, wie sie das dachte. Das einzige, was sie tun musste, war, sich mit ihren Werten auseinanderzusetzen. Dadurch wurde ihr bewusst, dass sie in alte Prägungen und Glaubenssätze geraten war, die nicht ihre eigenen waren. Als sie ihre eigenen Werte wieder entdeckte, gelang es ihr bzw. ihnen, den Alltag zu verändern. Sie prüften ihre Terminkalender. Sie haben

sich Freiraum füreinander geschaffen und die Möglichkeit, spontan zu sein, zurückerobert.

Sie haben auch mit den Kindern zusammen überlegt, was sie verändern könnten. Natürlich schlugen diese als erstes vor, viel öfter Minipizza auf dem Trampolin zu essen. Auch die Kinder fühlten sich gestresst von Musikschule, Turnen und so weiter. Also haben sie etwas davon gestrichen. Das wirkte sich nicht nur positiv auf den Terminkalender aus, sondern auch auf das Konto. Die Kinder hatten plötzlich mehr Freiraum, die Eltern auch. Alles wurde ein wenig entspannter.

Es ist noch gar nicht lange her, da stand ich in einer Runde Frauen, die sich gegenseitig aufzählten, auf welche Partys und Festivitäten sie aufgrund von Krankheiten oder Geburten der Kinder schon hatten verzichten müssen. Völlig absurd. Als ich sagte, dass das ja nicht so dramatisch sei, wurde ich angefahren: „Sag bloß, dir ist noch nie was durch die Lappen gegangen? Also mir ja ne ganze Menge." Und tatsächlich habe ich kurz überlegt. Ich war kurz davor, darauf wirklich zu antworten. Doch ich habe es gelassen. Ich habe nur den Kopf geschüttelt.

Die meisten der Frauen sind und waren mir recht egal. Eine aber nicht. Ich habe sie in einer ruhigen Minute zur Seite genommen und noch mal nachgefragt. Ob sich jetzt ihr Kind bei ihr entschuldigen müsse, weil es durch die Geburt verhindert hat, dass sie zu der Hochzeit gehen konnte. Oder dass ihre schwere Rückenerkrankung, von der sie komplett genesen ist, den verpassten 40. Geburtstag nicht wert war. Sie hat mich völlig verdattert angeschaut. „Oh Gott, Ellen, habe ich das so gesagt? Das habe ich gar nicht mitbekommen. Ich war irgendwie in einem Strudel der Negativität. Und irgendwie wollte ich mithalten."

„Ja, das war wie ein Wettbewerb, wer es am schlimmsten hat. Ehrlich gesagt total gruselig. Ich wollte jetzt einfach nur wissen, ob du das so ernst meinst.“ „Nein, natürlich nicht.“

Es gibt einen Grund, warum diese Frauen so geredet haben. Es gibt einen Grund, warum sie so fühlen. Auch sie tragen ihren Rucksack und in dem werden genügend Emotionen sein, die ihnen das Leben schwer machen. Es werden genügend Erfahrungen da sein, die sie veranlasst haben, so ihr Herz zu verschließen.

Wenn du dich mit dir selbst und deinen Gefühlen beschäftigst, wenn du dich hinterfragst, kommst du raus aus den pauschalen Bewertungen und du gehst mit einem offeneren Geist und einem offenerem Herzen durch die Welt.

Und diese Arbeit wird auch deiner Beziehung guttun.

Ja, Beziehung ist Arbeit. Aber nicht harte Arbeit. Es braucht halt immer wieder eine Generalüberholung der eigenen Werte, den genauen Blick auf den Ist-Zustand und die Beschäftigung mit der Frage, wie ich es haben möchte.

Wenn wir dann noch lernen, unsere Emotionen zu regulieren -- ach, was wäre das schön. Auch da ist ein erster Schritt, sich selbst immer wieder zu hinterfragen. Woher kommt dieses miese Gefühl? Ist das meines oder ist das ein Gefühl, das ich in meinem Rucksack mittrage? Wer sitzt mir gerade im Nacken? Wer gibt in meinem Kopf gerade ungefragt seinen Senf dazu?

Wir sind so komplexe Gefühlswesen. Dennoch verschließen sich so viele Menschen vor ihren Gefühlen. Sie projizieren ihren Frust auf andere, was das Zeug hält. Dabei machen sie keinen Unterschied, ob das die Eltern, die Kinder oder Freunde sind. Hör doch einfach mal mit einem offenen Ohr hin.

Ich habe meinem Mann auf dem Parkplatz eine Szene gemacht, weil ich mit meinen Emotionen nicht klar gekommen bin. In mir war damals das große Gefühl, nicht beachtet zu werden. Dieses Gefühl hatte nichts mit meinem Mann zu tun, sondern war in meinem Rucksack. Es waren so viele verschiedene Momente, Gefühle und Prägungen, die mir bzw. uns einfach nicht gut getan und die unbewusst ihr Unwesen getrieben haben (98 % unseres täglichen Tuns und Seins kommt aus dem Unterbewusstsein). Meine Aufgabe war es, mir anzuschauen, wo es herkommt und wie ich damit umgehen kann.

Schau dir mal dein Umfeld an. Wie laufen Unterhaltungen ab? Welcher Strudel ist da aktiv?

Was denkst du: Machen die Menschen das bewusst? Nein, natürlich nicht. Und es geht auch nicht darum zu verurteilen. Es geht darum, anders wahrzunehmen.

Es ist nur eine Phase, Hase

Wie Paare Veränderungen meistern und an ihnen wachsen können

Erinnerst du dich manchmal wehmütig an die Zeit, in der eure Liebe begonnen hat? Wünscht du dir in deiner Beziehung den Zauber des Anfangs zurück? Als ihr nach und nach eure Geheimnisse entdeckt und euch kennengelernt habt und bei jedem Treffen noch eine Überraschung auf dich gewartet hat? Das waren noch Zeiten ...

Erinnerst du dich noch an euren ersten Kuss? An euer erstes Mal? Den ersten gemeinsamen Urlaub? Die erste gemeinsame Riesenfete inklusive Absturz? Lauter Premieren. Es lässt mich wirklich etwas sentimental werden, wenn ich zurückdenke, wofür es alles ein erstes Mal gab. Sich jedes Mal wieder neu miteinander orientieren, Grenzen ausloten und abstecken, Erwartungen haben und gleichzeitig völlig planlos durchs Leben schlittern.

Es war schon eine geile Zeit, die wir da hatten. Wir brauchten gar nicht viel, um glücklich zu sein. Um ehrlich zu sein, hatten wir auch

gar nicht viel. Denn Markus war Student, ich Schülerin. Unsere Urlaube waren nur möglich, weil unsere Eltern uns Wohnwagen und Auto geliehen haben. Wir haben Ravioli aus der Dose gegessen und Lambrusco aus dem Tetrapack getrunken. Doch weißt du was? Es war uns egal. Denn wir brauchten auch nichts anderes. Wir waren glücklich mit unserem Lambrusco. Wir waren auch glücklich im Zelt. Wir waren mit uns so glücklich.

Wenn aus Verliebtsein Liebe wird

Wann und warum wird aus Verliebtsein Liebe? Eine höchst philosophische Frage, wie ich finde. Ich habe lange darüber nachgedacht und kann den Zeitpunkt für uns definitiv nicht benennen. Wahrscheinlich gibt es auch gar nicht diesen einen Moment. In meiner Wahrnehmung veränderte sich das eher schleichend. Auf einmal ist der Geruch seines Aftershave nicht mehr umwerfend, sondern vertraut. Auf einmal musst du nicht mehr überlegen, ob er den Kaffee mit Milch trinkt oder schwarz – du weißt es einfach. Die Unterhaltungen verändern sich. Ihr erzählt euch nicht mehr eure Lebensgeschichten, denn die wichtigsten Ereignisse kennt ihr inzwischen. Oder?

Wir wachsen aneinander und zusammen. Wir werden zwar nicht zu einem Menschen – aber wir wachsen zu einer Einheit zusammen. Es gibt irgendwann nicht mehr nur Du und Ich, sondern es entsteht ein Wir. Diese wundervolle Metamorphose ist der Beginn der Liebe. Wie lange das dauert, wie genau dieser Prozess vonstatten geht, das ist völlig individuell. Schließlich sind wir einzigartige Wesen in einer einzigartigen Beziehung. Wir starten alle von unterschiedlichen Ausgangspunkten in eine Partnerschaft. Vielleicht ist es die erste große

Liebe. Vielleicht wurde dir oder deinem Partner das Herz schon einmal gebrochen. Diese Phase, in der sich Verliebtsein in Liebe wandelt, ist ein Prozess. Es geht nicht darum, ihn genau definieren zu können. Wichtig ist zu wissen, dass es so passieren wird. Wann und wo – ist nebensächlich.

Ich war gerne verliebt. Ich mochte und mag den Zustand der rosa Wolken, der Euphorie und des Erkundens. Ich mag den Zauber eines Anfangs.

Vielleicht tauchen jetzt Fragezeichen vor deinem Auge auf. War ich nicht diejenige, die sich „nur" einmal richtig verliebt hat? Die diesen ganzen Anfang und diesen Verliebtheitshype nur einmal in ihrem Leben erlebt hat?

Ja, genau. Es war und ist immer derselbe Mann, um den es in meinem Leben geht. Doch wer sagt, dass man sich in denselben Menschen nicht öfter verlieben kann? Wer sagt, dass die Schmetterlinge im Bauch mit einem Ablaufdatum versehen sind? Selbst nach fast 30 gemeinsamen Jahren gibt es Zeiten und Augenblicke, in denen ich schwer verliebt bin und mich benehme wie ein verknallter Teenager.

Sich immer wieder in den gleichen Menschen zu verlieben, erfordert ein gewisses Maß an Arbeit. Da erscheint es manchmal einfacher, sich „neu zu orientieren" und jemandem Neues seine Geschichten zu erzählen. Und ja, dieser Zauber des Neuanfangs ist oft sehr verlockend und reizvoll.

Warum haben so viele Menschen Affären? Warum gehen so viele Menschen fremd? Sie tun das nicht, um den Partner oder die Partnerin absichtlich zu verletzten. Dass sie das mit ihrem Verhalten dennoch

tun, ist ihnen zwar bewusst – das nennt sich das schlechte Gewissen –, aber sie suchen darin etwas ganz anderes.

Meine Klientin Vivien war schon lange verheiratet und in ihrer Ehe lief es nicht besonders gut. Sie hatte das Gefühl, im Alltag zu versinken. Sie war, wie sie sagte, früher flippig, aktiv und hatte immer Bock auf Aktion, genauso auch ihr Mann. Sie haben zusammen viele Ausflüge unternommen und Konzerte besucht – beide waren nicht die Typen, die es sich auf dem Sofa gemütlich gemacht haben. Doch irgendwie ist das verloren gegangen. Da beide Kinder jetzt schulpflichtig seien, könne man ja auch nicht mehr so viel unternehmen, meinte sie (Aha, dachte ich dabei). Und vor nicht allzu langer Zeit habe sie sich ihren Mann mal wieder genauer angeschaut.

„Was hast du gesehen?“, fragte ich.

„Einen fetten, alten und ungepflegten Mann“, stieß sie aus und presste die Hände vor den Mund.

„Du schämst dich für diese Aussage?“, fragte ich.

„Ja, aber ich schäme mich noch mehr, dass ich mich ekel, mit ihm zu schlafen. Von ‚richtigem Sex‘ kann sowieso keine Rede mehr sein, das hält er körperlich gar nicht mehr durch. Aber er ist überhaupt nicht mehr der Mann, in den ich mich verliebt habe.“

Wieder blickte sie zu Boden. Ich vermutete, dass sie mit ihrer Erzählung noch nicht fertig war. Da steckte noch etwas. Also fragte ich: „Was ist es noch?“

„Es gibt da jemanden anderen. Es ist bislang noch nichts passiert. Wir haben uns beim Sport kennengelernt. Es macht total Spaß, sich mit

ihm zu unterhalten, er sieht wahnsinnig gut aus. Und er ist auch noch ein paar Jahre jünger als ich, das tut meinem Ego sehr gut. Aber ich fühle mich dabei total mies und weiß gar nicht, was ich machen soll."

Verzwickte Lage, würde ich sagen. Ich werde später im Buch noch darauf eingehen, dass keiner von uns jemand anderen verändern kann. Vergiss es. Du kannst deinem Partner noch so oft sagen, dass er z.B. abnehmen soll, die Umsetzung liegt allein bei ihm.

Vivien dachte, es gäbe nur entweder oder. Sie wollte ihren Mann verlassen und sich in ein Liebesabenteuer werfen. Alles andere war ihr egal.

Allerdings liebte sie ihren Mann. Sie liebte ihn mit dieser tiefen und unerklärlichen Liebe, die uns beieinander hält, obwohl sich jemand vielleicht äußerlich total verändert hat (auch hier bleiben wir mal bewertungsfrei).

Diese Liebe, die uns beieinander hält, obwohl wir uns nach etwas anderem sehnen. Diese Liebe, die einen dazu bringt zu kämpfen.

Denn sonst wäre Vivien doch gar nicht zu mir gekommen. Sonst würde sie ihren Mann einfach verlassen.

Dabei war auch das Zusammenbleiben recht einfach. Also im Nachhinein.

Vivien und ihr Mann haben sich im Alltag verloren. Ihre notorische Unzufriedenheit hat der gesamten Familie das Leben schwer gemacht.

Vivien hatte immer das Gefühl, dass ihre Kinder sie ausbremsen und festhalten. Hier haben wir als erstes den Blickwinkel verändert. Denn Vivien hätte ja gehen können. Sie hätte eine Betreuung für ihre Kinder organisiert bekommen. Es wäre kein Ding gewesen, einfach mal wieder für ein langes Wochenende oder eine Woche wegzufahren. Doch weißt du was? Sie wollte das gar nicht. Es fiel ihr wie Schuppen von den Augen, dass sie sich da nur reingesteigert hatte. Sie wollte für ihre Kinder da sein, sie wollte mit ihrer Familie zusammen sein. Warum war diese Erkenntnis so wichtig? Weil sich Vivien dadurch aus einer permanenten Unzufriedenheit befreit hat.

Das führte auch dazu, dass sie aufhörte, ständig an ihrem Mann herumzumäkeln. Sie verzichtete auf diese unterschwelligen und subtilen oder auch ganz offensiven Bemerkungen. „Willst du nicht mal joggen gehen?“ „Das Wetter ist ja so gut, du könntest ja auch noch ne Runde laufen.“ Sie hat auch aufgehört, sein Essverhalten zu kommentieren.

Meine Klientin hat sich von ihren Mann und seinem Ruhebedürfnis nicht weiter ausbremsen lassen. Wenn sie Bock hatte, sich zu bewegen und etwas zu unternehmen, dann tat sie es.

Und es hat gar nicht lange gedauert, bis auch ihr Mann anfing, sich zu verändern. Sie haben lange Gespräche geführt und offen darüber gesprochen, dass sie gehen wollte. Dass sie so unzufrieden war. Das war für ihren Mann ein Schock. Er war so verletzt, enttäuscht und traurig, dass *er* erst mal gegangen ist. Er hat sich auf sein Fahrrad gesetzt und ist einfach losgeradelt. Das Handy ausgeschaltet. Was denkst du, was bei Vivien abging? Die blanke Panik. Sie hatte Angst, dass er sich etwas antut. Dabei brauchte er nur Zeit für sich und einen neutralen Ort.

Weißt du was? Ich habe ihre Angst sehr gefeiert und auch ihre Panik. Hört sich verrückt an? Na ja, sorgst du dich um etwas, was dir egal ist? Machst du dir Gedanken um jemanden, der dir nicht wichtig ist? Dadurch, dass er gegangen ist, wurde so unfassbar viel Ungesagtes klar. Als ob diese Frau wirklich ihren Mann verlassen wollte. Das hat sie sich sehr erfolgreich eingeredet. Als ob ihr dieser Mann nichts mehr bedeutete. Auf einmal war die Angst, dass er sie verlässt, im Raum. Ihr Kopfkino überschlug sich. Was, wenn er das mit dem anderem Mann – mit dem zwar nichts gelaufen ist, aber dennoch – rausfinden würde? Was, wenn er wiederkäme und ihr sagen würde, dass sie gehen soll? Wenn sie alles verlieren würde?

Es ging bei diesem Paar nie wirklich darum, dass sie sich trennen. Sie hatten nur ihren gemeinsamen Zauber verloren. Und das passiert häufiger, als wir denken. Wir vermissen diesen Zauber. Vielleicht hältst du mich jetzt für albern, weil ich hier immer wieder das Wort Zauber verwende. Doch für mich ist die Liebe tatsächlich pure Magie.

Liebe, so singt Nena es in einem ihrer Lieder, *Liebe ist.* Liebe verlangt nicht, Liebe gibt. Die Liebe stellt keine Forderungen, keine Bedingungen. Das tun wir Menschen. Doch wenn du dich auf die Basis besinnst, dann musst du nicht fremdgehen. Klar, es kann immer passieren und ich wäre die Letzte, die etwas anderes behaupten würde. Liebe an sich ist ja auch kein Gefühl, das auf einen einzigen Menschen begrenzt ist. Du wirst sicher liebevolle Gefühle für mehrere Menschen hegen können.

1+1 = Familie

In einer bestimmten Lebensphase wird wahrscheinlich fast jede Partnerschaft mit dem Thema „Kinder" konfrontiert. Bei vielen geht es um die Frage, ob und wann sie Kinder haben wollen. Andere wünschen sich Kinder, aber dieser Wunsch bleibt unerfüllt. Wieder andere entscheiden sich bewusst dagegen, Eltern zu werden. Und egal, womit sich ein Paar auseinandersetzen will oder muss: Obwohl all diese Fragen und Entscheidungen höchst privat sind, ist es leider nur allzu normal, dass sie von Dritten ungefragt kommentiert werden (vor allem ungewollt kinderlose Paare können ein Lied davon singen).

Kurzum: Kinder beeinflussen eine Partnerschaft – in der Theorie und erst recht, wenn sie dann einmal da sind. Nichts hat mich mehr verändert als Mutter zu werden. Wenn du selbst Mutter bist, weißt du aus eigener Erfahrung, wovon ich spreche. Wenn du keine Kinder hast, hast du diese Veränderungen vielleicht schon einmal bei deinen Geschwistern oder bei Freundinnen wahrgenommen.

Eltern zu werden und Kinder ins Leben zu begleiten, verändert nicht nur die Mutter oder den Vater als Individuum, sondern stellt auch die

Paarbeziehung vor große Herausforderungen. Nicht umsonst ist die Trennungsrate nach der Kleinkindphase recht hoch.

Sobald der Schwangerschaftstest zwei Striche zeigt, ist meist nichts mehr, wie es war. Für mich und Markus kam dieser Moment durchaus unerwartet. Ich fühlte mich damals, als wäre ich die Hauptdarstellerin in einer eher schlechten Komödie gewesen. Nach diesem völlig verwirrenden Stäbchen-Moment rief ich Markus in Frankfurt an. Doch er steckte mitten in wichtigen Meetings beim Kunden und war nicht sonderlich hilfreich. Ich glaube, er hat in dem Moment den Ernst der Lage auch gar nicht begriffen. Also habe ich – schon ziemlich aufgelöst – bei meinem Gynäkologen angerufen und der Arzthelferin, die ich gut kannte, die Situation erklärt. Das lief ungefähr so ab:

Schluchzen. „Ich bin grad zu Besuch in Stadtlohn und meine Mens bleibt aus. Da habe ich einen Schwangerschaftstest gemacht. Und der ist positiv." Erneutes Schluchzen. „Was mache ich denn jetzt?"

„Du kommst gleich vorbei. Dann weißt du es genau."

Ehrlich? Ich war mir zu dem Zeitpunkt nicht einmal sicher, ob ich es überhaupt so genau wissen will. An den Besuch in der Praxis habe ich nur noch schemenhafte Erinnerungen: der Moment, als ich in der Praxis ankam, dann ein blubberndes Herz im Ultraschal, mein Gynäkologe, der was von Entbindung und Termin erzählt hat. Dann saß ich im Labor mit einer Nadel im Arm für die Blutabnahme. Und mit tausend Büchern, die mir in die Hand gedrückt wurden, bin ich ins Auto meiner Schwester gestiegen, die mich an der Praxis abgeholt hat.

Nach dem ersten Schock haben sich Markus und ich uns riesig auf unsere Dame gefreut. Alexandra ist zwar völlig ungeplant, aber nicht

ungewollt in unser Leben gekommen. Sie war herzlich willkommen und wir sind uns einig, dass die ziemlich überraschende Schwangerschaft eines der größten Geschenke unseres Lebens ist.

Aber von diesem Moment an haben wir uns verändert. Wir haben nicht mehr an Partys gedacht. Auch meine Karrieremöglichkeiten wurden auf Eis gelegt. Mein Plan war eigentlich, ab Oktober Vollzeit zu studieren und das wäre durchaus auch mit Kind gegangen. Aber ich wollte nicht.

Wenn es anders kommt als erwartet, brauchst du halt etwas Flexibilität.

(Das ist übrigens die meines Erachtens wichtigste Eigenschaft als Eltern.) Selbst in der Schwangerschaft war einiges nicht so wirklich planbar. Ich konnte meinen Körper nicht mehr so gut einschätzen. Plötzliche Übelkeitsattacken, Essensgelüste, Rückenschmerzen oder geschwollene Beine traten überraschend auf und waren auf einmal wichtiger als Ausgehen oder geplante Ausflüge.

Wie Markus und ich mit den verschiedenen Phasen der Schwangerschaft bis hin zur Ankunft der kleinen Maus umgegangen sind, hat sich krass unterschieden. Während ich aus kaum einem Geschäft mit Babyausstattung wieder herauskam, war Markus mit einer strengen Liste zugange, die ganz klar aufführte, was wir „brauchen" und was eher unnötig ist. Ich war mehr so im Luxuskaufen unterwegs, Markus ist recht pragmatisch an die Sache herangegangen – was nicht unbedingt immer zu Friede, Freude, Eierkuchen beigetragen hat.

Ich glaube, auch das kennen viele schwangere Frauen. Für den Mann ist das alles noch recht abstrakt. Der Bauch wächst, die Frau wird etwas launischer und unberechenbarer, aber wirklich fühlen, was gerade los ist, kann ein Mann einfach nicht. Liebe Männer, seid mir nicht böse, wenn ich das hier so pauschal sage. Aber ich glaube immer noch, dass diese Gefühle nur wirklich nachvollziehen kann, wer eine Schwangerschaft selbst erlebt hat.

Erst wenn dieses kleine Wesen auf die Welt kommt, wird die neue Situation endlich auch für den Mann greifbar. Von da an ist ein Paar nicht mehr nur ein Paar, sondern Eltern – eine völlig neue und überaus herausfordernde Situation.

Jede:r bringt auch hier eigene Vorstellungen, Ideen und Erwartungen mit. Und diese Differenzen lassen sich nicht in einem Gespräch klären, das wir einmal führen, und dann reden nie wieder darüber. Das ist eher eine Never Ending Story. Gemeinsam Verantwortung zu tragen ist herausfordernd. Es ist ein Prozess, an dem wir wachsen und der uns verändert.

Es fängt an mit Fragen wie „Was hat das Kind?“ oder „Was soll ich denn jetzt tun?“. Die enorme Verantwortung gepaart mit unendlicher Liebe ist für Menschen, die das noch nie erlebt haben, nicht nachvollziehbar. Wie sollte es auch?

Und auf einmal bist du nicht mehr der wichtigste Mensch in deinem Leben. Auf einmal sind die eigenen Bedürfnisse nebensächlich. Es ist völlig egal, wie müde du bist: Wenn dein Baby schreit, kümmerst du dich. Es ist völlig egal, wie hungrig du bist: Wenn dein Baby schreit, fütterst du es. Es ist total egal, wie sehr du dich nach einer Dusche sehnst: Wenn dein Baby schreit, tja, dann kümmerst du dich.

Das Gefühl, das neben der Liebe jetzt viel Raum einnimmt, ist die Hilflosigkeit. Alles getan zu haben und trotzdem ein schreiendes Kind im Arm zu halten, ist unbefriedigend und macht völlig hilflos. Niemand kann uns auf das Leben mit einem Baby vorbereiten. Es ist nichts, was wir erlernen können.

Mit andere Worten: Wir befinden uns in einer permanenten Ausnahmesituation. Die Lunte am persönlichen Pulverfass ist relativ kurz. Ich bin mit meinem Hormonchaos plus Schlafmangel plus „Keine-Ahnung-was-ich-hier-eigentlich-tue" eine kleine tickende Zeitbombe.

Und nicht nur die Frau ist angespannt. Den frisch gebackenen Vätern geht es nicht viel besser. Sie fühlen sich genauso verantwortlich. Sie fühlen genauso viel Liebe für ihr Kind und ihre Partnerin.

Was vor wenigen Jahrzehnten noch eindeutig Aufgabe der Mutter war, verteilt sich heute im Idealfall auf beide Elternteile. Aber in unseren

tiefen Schichten ist diese neue Rollenverteilung bei den meisten noch nicht selbstverständlich verankert. Das macht etwas mit einem Paar. Als Beispiel möchte ich dir kurz von Uli und Bärbel erzählen. Sie arbeiten beide als Lehrerin bzw. Lehrer und haben zwei kleine Kinder. Bärbel hat eine volle Stelle und Uli hat seine Stunden reduziert. Er bringt die Kinder zur Kita und holt sie wieder ab, hatte die Kita-Eingewöhnung übernommen, macht die Einkäufe und kümmert sich um all das Organisatorische, was eben so anfällt im Leben mit Kindern. Das ist alles total toll im Alltag. Er kann die Kinder und ihre Bedürfnisse richtig gut einordnen und auch wenn etwas nicht so läuft, haben sie einfach eine gute Routine.

Aber wenn Uli und Bärbel gemeinsam mit ihren Kindern unterwegs sind, rutscht Bärbel sehr häufig in die Rolle der „Gluckenmama". Obwohl sie es nicht böse meint, drängt sie Uli aus der Care-Arbeit und das kommt nicht gut an – weder bei Uli noch bei den Kindern. Statt sich in das funktionierende System einzufädeln, bringt sie völlig neue Ansichten und Ideen ein, wie die Dinge zu laufen haben. Besonders auffällig ist das immer dann, wenn sie mit ihren oder Ulis Eltern und Geschwistern unterwegs sind.

Uli ist dann jedes Mal sauer und findet es total lächerlich, was Bärbel da veranstaltet und dass sie ihm das Zepter aus der Hand nimmt. Bärbel versteht nicht recht, wo Ulis Problem ist, schließlich meint sie es nur gut und es sind ja auch ihre Kinder.

Es waren ein paar gemeinsame Gespräche nötig, um wirklich herauszufinden, was da los ist.

Immer, wenn sie sich als Familie mit ihrer Familie trafen, meinte Bärbel, in die traditionell weibliche Rolle schlüpfen zu müssen. „Das

macht Frau ja schließlich so. Das ist ja auch die Aufgabe der Mutter“ und so weiter. Doch in ihrem Fall passte das so ja gar nicht. Uli fühlte sich nicht sonderlich ernstgenommen und degradiert. Dabei wollte das Bärbel gar nicht.

Diese relativ „neuen“ Rollenbilder zu leben, auch da dürfen sich Paare erst einmal reingrooven; besonders, wenn sie nicht mehr nur unter sich sind.

Da prasselt also ziemlich viel auf uns ein – und es kann gut sein, dass man sich als Paar erst mal verliert. Weil du halt für eine gewisse Zeit einfach nur funktionierst. Wenn ihr gerade in diesem Lebensabschnitt seid und es bei euch als Paar, als Eltern, nicht immer so läuft, wie du es dir wünschst: Keep cool. Das ist völlig normal. Das

Wichtigste in dieser Phase ist, dass ihr euch immer wieder aufeinander ausrichtet und schaut, was ihr tun könnt, damit es euch gut geht. Es ist dann, ehrlich gesagt, auch scheißegal, was andere dazu sagen. Es ist scheißegal, was die anderen denken.

Auch wenn ihr euch vielleicht so Sachen vorgenommen habt wie „Das Kind schläft nie bei uns im Bett“ – kommt damit klar, wenn es anders läuft. Regeln sind dazu da, gebrochen zu werden. (Vielleicht willst du das gerade nicht hören, aber vielleicht kommt es auch genau zur richtigen Zeit?)

Es hat einen Grund, warum sich dein Kind euch als Eltern ausgesucht hat. Ihr beide seid für euer Kind bzw. eure Kinder genau die richtigen

Eltern. Euch fertigzumachen, dass ihr es nicht richtig macht, ist vollkommen unnötig. Ihr gebt beide euer Bestes.

Wenn mir das schon früher bewusst gewesen wäre, hätten wir uns vielleicht nicht so oft wegen Kleinigkeiten in die Haare bekommen. Dann hätten wir uns nicht so gestresst, um zu beweisen, dass wir gute Eltern sind. Vielleicht hätten wir uns dann etwas weniger Druck gemacht.

Das ist wirklich das einzige, was ich ein wenig bereue. Nicht, dass wir so früh Eltern geworden sind oder uns dann für die Familie entschieden haben. Sondern, dass ich so oft gedacht habe, ich müsste der Welt und mir beweisen, dass ich es drauf habe. Dass ich es richtig gut kann. Dass ich mit meinen gerade mal 22 Jahren die Lage immer im Griff habe. Mein Kind im Griff habe. Dass ich mich viel zu sehr im Außen orientiert habe, statt auf uns und unsere Bedürfnisse zu hören. Das hat nicht immer so gut funktioniert und mich und uns teilweise richtig gestresst. Wenn ich meinem jüngeren Ich heute etwas mit auf dem Weg geben könnte, dann wäre es das:

Mach mal langsam und entspanne dich. Du gibst dein Bestes. Markus gibt sein Bestes. Es ist alles gut. Ihr habt großartigen Kindern das Leben geschenkt. Genießt doch die Zeit. Macht euch nicht so einen Druck und macht euch nicht an, wenn der andere es anders macht als erwartet. Denn mit diesem ganzen irdischen Drama nehmen wir uns die Chance, glücklich zu sein und zu genießen. Feiert euch – als Paar und als Eltern. Und stellt die Herausforderungen nicht über die Glücksmomente.

Lasst uns viel öfter das tun, was uns glücklich macht. Lasst uns viel mehr das in den Mittelpunkt stellen, was wirklich zählt im Leben.

Und lasst uns so ehrlich und offen sein, einander zu sagen: „Ich kann gerade nicht mehr."

Große Kinder, große Herausforderungen

Jetzt könnte man ja meinen, dass vieles leichter wird, wenn die Kinder größer werden. Ich würde das nicht unbedingt so sagen. Ich ziehe die Beschreibung vor: Es wird anders. Klar, nachts schreit hier niemand mehr und möchte eine Flasche oder bekommt Zähne. Auch muss ich niemanden mehr abends ins Bett bringen, der beschließt, noch vier Mal wieder aufzustehen. Dafür kommen mit der Teenagerzeit andere Themen ins Haus, die für Eltern und für die Paarbeziehung herausfordernd sind.

Heute kann ich schreiben, dass es manchmal ziemlich witzig ist zu sehen, welche unterschiedlichen Ansichten über Kinder und Jugendliche Markus und ich so haben. Doch ganz so witzig war es natürlich nicht immer. Kinder sind einer der häufigsten Anlässe für Auseinandersetzungen und Streit. (Gleich danach kommt übrigens das Thema Geld. Das könnte vielleicht auch daran liegen, dass diese beiden Themen sehr eng miteinander verwachsen sind.)

Waren es unsere unterschiedlichen Vorstellungen, die es schwierig machten? Die unterschiedlichen Erfahrungen, die wir gemacht haben? Jede:r wächst anders auf. Viele Dinge und Erfahrungen nehmen wir mit, ob wir nun wollen oder nicht. Die hohe Wahrscheinlichkeit, dass Kinder, die geschlagen und misshandelt wurden, selbst wiederum ihre Kinder misshandeln, wurde durch viele Studien belegt. Doch auch ohne eine Kindheit voller Gewalt oder Misshand-

lung übernehmen wir unbewusst viele Ansichten unserer Eltern oder Großeltern.

Wer hat sich als Jugendliche nie geschworen, später alles ganz anders zu machen als die eigenen Eltern es tun? Tja ... Und dann hörst du dir zu, wie du mit deinem Kind sprichst und stellst mit leichten oder auch großen Erschrecken fest: Ich klinge wie meine eigene Mutter. Ich spreche wie mein Vater. Diese Erkenntnis ist nicht unbedingt ein Anlass, freudig zu jubeln. Doch es ist ein völlig natürlicher Prozess! Dir das bewusst zu machen, führt vielleicht dazu, sich die eine oder andere Einstellung noch mal anzuschauen. – Oder auch, dem Partner an der einen oder anderen Stelle etwas Nachsicht zukommen zu lassen (das gilt natürlich nicht für Gewalt oder Misshandlungen.) Das Bewusstsein darf dahin wachsen, dass jede:r anders aufgewachsen ist. Jede:r hält manche Dinge für „normal“ und andere für „unnormal“. Für uns beide war es zum Beispiel völlig „normal“, dass wir mit der Familie viel reisen. Wir beide waren mit unseren Eltern und Geschwistern regelmäßig im Urlaub. Doch das ist lange nicht die Norm – es war nur unsere Norm. Es ist für mich völlig normal, dass in einer guten westfälischen Hochzeitsuppe Eierstich und Markklößchen drin sind. Für Markus waren Grießklößchen die Norm. Ich erzählte von solchen eigentlich banalen Sachen, weil es zeigt, dass es sinnlos und sogar belastend ist, uns ständig zu vergleichen und in gut oder schlecht einzusortieren. Denn es hilft uns nicht, glücklich zu sein.

Als die Kinder klein waren, war es eine kleine Challenge, uns Zeit füreinander zu nehmen. Im Gespräch zu bleiben, wach zu bleiben. Heute würde ich sagen, es ist eine große Challenge. Denn wir sind halt nie alleine. Natürlich freuen wir uns, dass unsere fast erwachsenen Kinder uns mit der Gunst ihrer Anwesenheit beschenken. Aber ....

Früher kam es durchaus mal vor, dass wir die Kids ins Bett gebracht und dann den Tisch noch mal schön gedeckt, eine Flasche Wein geöffnet und etwas Leckeres zu essen geholt haben. Ein Paar-Dinner zu Hause. Das sollten wir heute mal bringen: Wir servieren den Kindern Pommes oder Brot – und Mama und Papa holen später ein Thai-Gericht oder Pizza. Die Entrüstung wäre groß. Also essen wir gemeinsam. Wie du vielleicht in meinen Buch „Jedes Pfund hat seinen Grund“ gelesen hast, feiere ich diese Familienessen sehr. Doch ab und an wäre es auch schön, über etwas anderes als Teenagerdramen zu sprechen und weniger TikTok am Tisch zu haben. Denn, machen wir uns nichts vor, die Interessen von uns Eltern liegen definitiv in einem anderen Bereich.

Es war ein schleichender Prozess, dass viele unserer Paarzeiten zu Familienzeiten wurden. Irgendwann haben wir festgestellt: Wir sind kaum noch alleine.

Doch es tut uns nicht gut, wenn wir zu wenig Zeit zu zweit haben.

Ich weiß nicht, wie das bei dir bzw. euch ist, aber manchmal hat man sich einfach mehr zu sagen und es gibt ja auch Themen, die du nicht unbedingt vor den Kindern besprechen möchtest. Wir haben daraufhin bewusst Paarzeiten für uns etabliert und diese Auszeiten den Kindern klar und liebevoll mitgeteilt. Konkret heißt das zum Beispiel, dass wir an einem Abend in der Woche zu zweit ausgehen (die Babysitterfrage müssen sich Teenagereltern ja meist nicht mehr stellen). So haben wir Möglichkeiten geschaffen, wieder tiefere Gespräche zu

führen und voneinander wirklich zu erfahren, wie es dem anderen gerade geht. Eben für all das, was im Alltag einfach oft zu kurz kommt.

Wenn die Kinder sich abnabeln und eigenständiger werden, stellt es Eltern vor enorme Herausforderungen, die Kinder loszulassen und ihren eigenen Weg gehen zu lassen. Vater und Mutter können dabei mitunter recht unterschiedliche Vorstellungen von diesem Prozess haben. Ich weiß noch genau, wie es war, als Alexandra das erste Mal Karneval gefeiert hat. Mein Mann war völlig entspannt, während ich wie eine Tigerin im Käfig rumschlich, auf die Uhr schaute und ihr sogar irgendwann entgegenlief. Es gab, objektiv betrachtet, keinen Grund, beunruhigt zu sein, dennoch war ich angespannt. Was in solchen Situationen übrigens total hilfreich ist (also nicht), ist ein: „Entspann dich doch" von deinem Mann. Wie soll ich mich denn entspannen, wenn in meinen Kopf diverse Szenarien abgehen, die nicht sonderlich schön sind?

Doch als irgendwann recht große Schuhe auf unserer Fußmatte standen und ein Motorrad im Hof, war der entspannte Markus auf einmal gar nicht mehr so relaxed. Männliche Besuche für unsere Damen fand er weniger entspannend. Es ist durchaus nachvollziehbar.

Wenn die Kinder sich immer weiter abnabeln und ihre eigenen Wege gehen, werden Eltern herausgefordert, die Kinder loszulassen und sich im Vertrauen zu üben. Vater und Mutter haben da, wie man an unserem Beispiel sieht, mitunter recht unterschiedliche Vorstellungen und Empfindlichkeiten.

Diese Uneinigkeit kann eine Beziehung sehr stark belasten. Da steckt man völlig in der Zwickmühle, so wie meine Klientin Petra. Petra

ist verheiratet, hat zwei Kinder im Teenageralter und bis die ältestes Tochter 15 war, waren sie eine glückliche Familie. Aber das Erwachsenwerden der Töchter hat völlig ungeahnte Herausforderungen mitgebracht.

Petra hat ein sehr enges Verhältnis zu ihren Kindern. Sie erzählen ihr viel, sie haben einen ähnlichen Humor und im Allgemeinen läuft es gut. Jedenfalls so lange, bis ihr Mann nach Hause kommt.

Petra wusste nicht genau, ob er es einfach nicht gut ertragen kann, dass seine Prinzessinnen, mit denen er so dicke war, nun weniger Zeit mit ihm verbringen wollten und ihnen seine Meinung nicht mehr so wichtig war – jedenfalls stand ihr Mann mit den Kindern irgendwie auf Kriegsfuß.

Es tat Petra sehr weh mitzuerleben, wie sie sich gegenseitig behandelten. Noch viel schwieriger aber war die Tatsache, dass ihr Mann ständig Streit mit ihr anfing. Er war der Meinung, die aktuelle Situation sei ihre Schuld und sie erlaube den Kindern viel zu viel. Außerdem fand er, dass die Kinder sie respektlos behandeln und sie dafür auch selbst verantwortlich sei. Und dass die Kinder nur noch am Handy seien, liege an ihrer Larifari-Erziehung.

Petra seufzt: „Ich mache alles falsch, meint er. Doch ich habe kein Problem mit Respekt vonseiten der Kinder. Sie entwickeln sich halt zu eigenen Persönlichkeiten und finden selber gerade heraus, wer sie sind. Klar, sind da Sachen dabei, wo ich denke ‚Aha, spannend', aber hatten wir das nicht auch, als wir jung waren? Dass wir nicht immer mit unseren Eltern einer Meinung waren? Mir scheint es, als ob mein

Mann das völlig vergessen hat. Und das macht es für uns als Paar sehr anstrengend."

An allem motze er rum. Dass die Kinder ihr Zeug überall hinter sich liegen lassen, ihm gegenüber keinen Respekt zeigen würden. Dass sie zu laut seien, dass sie einfach Dinge ausprobierten, ohne ihn vorher zu fragen.

„Es ist für mich ja auch herausfordernd. Ich bin die Mama und möchte ihnen helfen, aber gleichzeitig merke ich, dass ich mich zurückhalten muss, damit sie ihr eigenes Ding machen können. Das ist auch nicht leicht für mich. Aber er hat einfach kein Verständnis dafür. Damit macht er gerade viel kaputt in unserer Familie. Und ich kann beide Seiten verstehen."

Ich glaube, das, was Petra erzählt, kennen viele Eltern. In der Adoleszenz suchen Jugendliche nach mehr Freiheit und Autonomie. Gleichzeitig ist es die Aufgabe der Eltern, Regeln und Grenzen zu setzen, um die Sicherheit und das Wohlbefinden ihrer Teenager zu gewährleisten. Wo die Linien zwischen Freiheit und Verantwortung verlaufen, ist individuell, wie man an der Geschichte von Petra sehen kann. Petra und ihr Mann hatten unterschiedliche Ansichten darüber, was sie für ihre Teenager als okay und „normal" empfanden und was nicht.

Wenn Eltern sich gegenseitig unterstützen, offen kommunizieren und gemeinsame Entscheidungen treffen, können sie diese Herausforderungen leichter bewältigen und sogar gestärkt aus dieser Phase herausgehen. Meiner Meinung nach ist es am allerwichtigsten, im Gespräch zu bleiben und einen gemeinsamen Nenner zu suchen.

Manchmal ist der kleinste gemeinsame Nenner das, worauf man aufbauen kann.

Als Eltern sind wir keine Lager oder Parteien, sondern eine Einheit. Wenn Paare darin abdriften, sich als zwei verschiedene Lager zu fühlen, bedarf es einer neuen Justierung, um wieder zur Einheit zu werden.

Das war auch das, was Petra und ihr Mann wieder lernen durften: sich als Einheit zu fühlen und zu handeln. Das bedeutet auch, dass wir manchmal Dingen zustimmen, die wir nicht so gut finden. Dass wir die Kontrolle abgeben und unserem Partner vertrauen. Er oder sie kennt die Kinder doch genauso gut. Er oder sie entscheidet nicht gegen uns oder für uns.

Was bei Petra und ihrem Mann passierte, war, dass er ihr nicht vertraute bzw. dachte, er könne es besser als sie. Wenn er schlecht gelaunt von der Arbeit nach Hause kam, kam er mit seinen jungen Erwachsenen nicht gut zurecht: Sie warfen sich nicht mehr freudestrahlend in seine Arme und waren total happy, dass er wieder da war. Sie hatten auf einmal eine eigene Meinung, waren sehr politisch und gar nicht mehr so bequem und handlich. Was Petra total gut fand, war für ihren Mann sehr herausfordernd. Es strengte ihn an, nach einem langen Arbeitstag darüber zu diskutieren, ob seine Sprache sexistisch sei oder er sich wie ein „alter weißer Mann“ verhalte. Gefühlt hatte er einfach keine Pause.

Da durften Petra und ihr Mann miteinander wieder ein Stück wachsen. Sich neu definieren. Und er durfte auch den Blickwinkel verändern. Denn unsere Kinder sind nicht selbstverständlich. Dass sie

mit uns Zeit verbringen, uns an ihrem Leben teilhaben lassen, ist ein Geschenk.

Dieses Geschenk hat manchmal den Preis der Toleranz.

Ein Anker in stürmischen Phasen: Zeit zu zweit

Ich finde, es gibt nichts Wertvolleres als das Geschenk der Zeit. Wir haben alle nur eine begrenzte Zeit auf dieser Welt zur Verfügung und sie mit Menschen zu teilen, die man liebt, ist ein großes Privileg. Ich glaube, dass die Zeit, die wir uns füreinander nehmen, *der* Erfolgsfaktor für unser Glück ist. Und das ist mitunter eine große Challenge.

Markus und ich haben sehr lange eine Fernbeziehung geführt. Selbst als wir zusammen gezogen sind, hat Markus von Montag bis Freitag in München gearbeitet. Uns blieben also nur die Wochenenden, von denen ich zwei im Monat arbeiten musste, eins sind wir meistens in die Heimat gefahren und an dem anderem bekamen wir Besuch. Da blieb wenig Zeit für Zweisamkeit. Wir haben für uns Lösungen und Wege gefunden, wie wir trotzdem sehr eng miteinander verbunden waren. Und das zu Zeiten, als es noch keine Smartphones und Messengerdienste gab. Heute kaum vorstellbar, aber glaube mir, unsere Telefonrechnungen waren teilweise astronomisch.

Wir waren seit Beginn unserer Beziehung mit Umständen konfrontiert, die es uns schwer machten, gemeinsame Zeit zu verbringen. Und

im Grunde ist das etwas, was alle Paare tun müssen: ein Bewusstsein dafür entwickeln, wie sie leben wollen, wie ihr Alltag aussehen soll und was ihnen wichtig ist. Es ist ein nicht unbedingt schlechtes Zeichen, wenn man merkt, es hakt. Oder wenn es zu Reibungspunkten kommt. Dann darf sich da etwas verändern.

Man muss noch gar nicht wissen, was sich verändern muss. Das kommt. Wir dürfen uns mit unseren Kindern weiterentwickeln. Manche Ansichten klingen in der Theorie gut, sind jedoch in der Praxis unbrauchbar. Was wir da als Paar noch brauchen, ist die Fähigkeit, das eigene Ego loszulassen. Das schreibt sich leichter, als es ist. Doch was dir bzw. euch diese Reise leichter macht ist:

Seid ein Team.

Einigt euch hinter den Türen, unter euch. Petras Mann hat ständig offen an Petra und ihren Erziehungsmethoden rumgemeckert. Was meinst du, was das mit den Kindern gemacht hat? Sie wussten genau, was sie tun mussten, um ihren Vater aus der Reserve zu locken. Damit haben sie wunderbar die Aufmerksamkeit von ihren Themen abgelenkt, sodass es zu einem neuen Konflikt zwischen Petra und ihrem Mann kam. Schlau, was? Das nennt sich Manipulation. Und ja, Kinder können das. Doch wenn ihr euch einig seid, wenn ihr euch nicht so aus der Reserve locken lasst, wenn ihr in der Liebe füreinander bleibt, dann hat der neue Wind in der Familie keine Chance.

Wir haben diese Zeit für uns gebraucht und brauchen sie immer noch. Teenagerfreie Zonen und Zeit zu zweit, in der wir uns austauschen können, bringen uns immer wieder auf die richtige Spur.

Gemeinsame Wochenenden alleine.

Zeit für Romantik.

Zeit für Gespräche.

Zeit und Raum für richtig guten Sex.

Ja, das Thema Sexualität sollten wir nicht außer Acht lassen. Unter uns, mich hemmt es schon, wenn meine 13-jährige Tochter im Zimmer nebenan wach liegt oder noch mit ihrer Schwester quatscht. Um es hier mal auf den Punkt zu bringen: Das ist ein riesen Lustkiller. Jedenfalls für uns. Klar, für einen Quickie gibt es irgendwie immer eine Gelegenheit. Das ist ja auch ganz nett – aber auf die Dauer? Neeee. Deshalb sind Wochenenden zu zweit für uns immer sehr wichtig. Auch wenn wir aus unserem Umfeld oft hören: „Fahrt ihr schon wieder weg?" Wir sind nun mal nicht nur Eltern. Wir sind auch Ellen und Markus. Ein Paar eben. Und diesem Paar dürfen wir unsere Zeit schenken. (Zum Thema Sexualität in der Partnerschaft komme ich später noch ausführlicher.)

Unsere Töchter sind, nebenbei bemerkt, auch sehr dankbar, wenn *wir* mal nicht da sind. Auch ein Aspekt, der sehr hilfreich ist gegen das zur Geburt gratis mitgelieferte schlechte Gewissen. Vielleicht ist dieses schlechte Gewissen – den Kinder gegenüber, wenn ihr als Paar was für euch macht, oder dem Partner gegenüber, wenn du dir Me-Time gönnst –, das größte Hindernis überhaupt.

Doch schau, du musst als Mensch, egal ob mit Kindern oder ohne, immer etwas geben. Du gibst immer deine Energie. Bei der Arbeit, bei deiner Familie, bei deinen Hobbies.

Stell dir deine Energie vor wie ein Wasserglas. Wenn du immer gibst, ohne dein Glas wieder aufzufüllen, dann hast du irgendwann nichts mehr zu geben. Deshalb ist es so wichtig, dass dein Wasserglas so voll ist, dass es quasi schon überläuft. Dann kannst du geben.

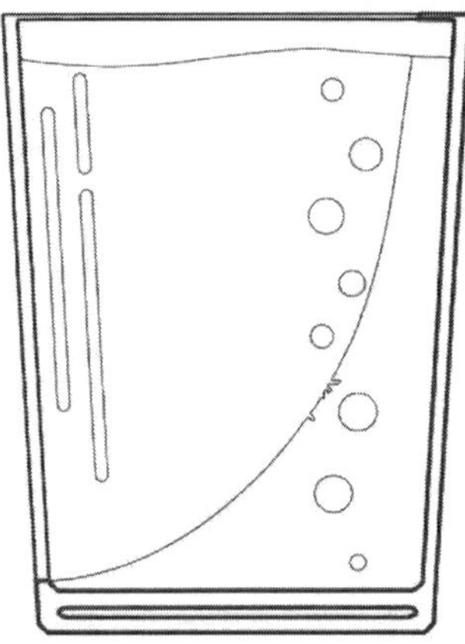

Wenn dich also das schlechte Gewissen plagt, weil du dir für dich oder für euch Zeit nimmst, stell dir mal vor, mit welcher Fülle du wiederkommst. Wie viel mehr du dann geben kannst. Meiner Meinung nach zählt nur das wirklich.

Was Paare auf Dauer glücklich macht

So viele Menschen sehnen sich nach Liebe, nach Glück, nach Berührungen, nach interessanten Gesprächen – und das, obwohl sie in einer Beziehung leben. Was hält sie davon ab, das mit ihrem Partner, ihrer Partnerin zu erfahren? Warum suchen wir jemanden Neues, als wären wir im Supermarkt und Menschen reine Konsumgüter, statt die Welt

mit dem Menschen, in den wir uns einmal über beide Ohren verliebt haben, zu entdecken?

Ich bin überzeugt, dass es unser Geburtsrecht ist, glücklich zu sein. Dass es nicht vorgesehen ist, gemeinsam zu leiden oder sich zufriedenzugeben. Ich glaube, tief in vielen Herzen ist auch noch ein Funke dieser Überzeugung. Dieser Funke, der sich sehnt. Nach intensiven Momenten, großartigen Gesprächen, gemeinsamen Herausforderungen, tiefen und offenen Begegnungen.

Es ist so einfach und dennoch so schwer. Das Herz öffnen, sich öffnen. Wie schon gesagt, jeder von uns geht mit vielen Erwartungen und einem gut gefüllten Rucksack in eine Beziehung. Was wir voneinander erwarten, ist stark geprägt durch das, was wir selbst gesehen und erlebt haben. Und der Rucksack, den wir tragen, enthält nicht nur unser positives Gepäck, sondern auch das negative. Es wäre in Beziehungen übrigens sehr viel leichter, wenn sich mehr Menschen bewusst machen würden, dass viele ihrer Reaktionen nicht aus einem bewussten Verständnis und Verhalten kommen, sondern automatisch ablaufen, weil in der Situation eine Erfahrung aus der Vergangenheit getriggert wird.

In unseren Beziehungen werden wir auf die Probe gestellt. Immer wieder.

Wie sehr bist du bereit, dich einzulassen? Wie sehr bist du bereit, bedingungslos zu lieben? Wie sehr bist du bereit, dein Herz wirklich zu öffnen?

Das sind die Fragen, die du dir stellen darfst, wenn du nicht nur kurzfristig glücklich sein möchtest.

Vielleicht kennst du das? Es gibt Menschen, die immer und immer wieder an den Punkt kommen, dass ihre Beziehung auseinandergeht. Was passiert da? Pauschal ist das natürlich schwer zu sagen. Ich versuche mich trotzdem einmal an einer Erklärung.

Es hat viel mit Angst zu tun. Mit der Angst vor weiteren Verletzungen. Mit der Angst, sich gemeinsam nicht entfalten zu können. Der Angst, dem anderen nicht wichtig genug zu sein, der Angst, etwas zu verpassen, der Angst, alleine zu bleiben. Der Angst, die auf so unterschiedliche Art und Weise kommt und sich darauf spezialisiert hat, ihr Gesicht zu verbergen. Es wäre so viel einfacher, wenn sie sich direkt zeigen würde. Wenn wir sie erkennen können.

Diese Angst zeigt sich z.B. in plötzlichem Desinteresse, Kopfschmerzen, Aggressionen, Aufschieberei, Flirten ohne Einschränkungen oder auch völlig unbegründeter Eifersucht.

Die Angst bzw. das Verhalten, das aus ihr resultiert, steht einer gemeinsamen Entwicklung so oft im Weg. Sie erlaubt es den Partner:innen nicht, sich so zu entfalten wie sie es eigentlich bräuchten.

Dain Heer schreibt in seinem Buch „Sei du selbst und verändere die Welt“, dass 90 % aller Beziehungen unglücklich sind und die Menschen aus Angst zusammenbleiben. Er beschreibt weiter, dass wir in unserer Hochleistungsgesellschaft Menschen, die alleine sind, als Loser labeln. Und keiner möchte gerne ein Loser sein. Deshalb blieben Menschen zusammen, obwohl sie kreuzunglücklich seien. Ist das wirklich so? Bleibt man lieber zusammen als einen eigenen Weg zu gehen,

obwohl man sich vielleicht so verändert hat, dass man gar nicht mehr zueinander passt?

Wir würden uns und auch unserem Partner das Leben viel leichter machen, wenn wir den Fokus auf das Vertrauen lenken und nicht auf die Angst.

Auch auf das Vertrauen in uns selbst! Dass wir genau richtig sind und uns für nichts und niemanden verbiegen müssen. Am Anfang deiner Beziehung ist dieses Vertrauen da. Du fühlst dich begehrt. Ein anderer Mensch ist von dir verzaubert. Dann entdeckst du, welche Werte dieser Mensch hat. Wie er sich vielleicht auch unachtsam über andere äußert. Über das Verhalten und Aussehen von anderen Menschen. Und dann fängst du an, genau diese Züge, diese Wesensarten an dir oder in dir zu verstecken oder gar zu bekämpfen. Die dürfen nicht sein, weil du Angst hast, dass dein Partner sie an dir entdeckt und dich dann nicht mehr mag. Du fängst an, den Fokus darauf zu legen, ihm gefallen zu wollen.

Wir müssen bedenken, dass wir uns, unbewusst natürlich, oft an Konventionen orientieren. Wir schauen viel um uns herum. Wie machen es die anderen, wie haben es die Eltern und Geschwister gemacht? Welchen Weg gehen die anderen? Und es ist das Natürlichste der Welt, dazugehören zu wollen. Jede:r möchte das, auf irgendeine Art und Weise.

Es orientieren sich so viele Paare am Außen. An dem, was in unserer Gesellschaft als erfolgreiches Leben gelabelt wird.

Der perfekte Partner, das große Haus, das tolle Auto, die statistischen eineinhalb Kinder, die Urlaube auf Mallorca usw. Dabei vergessen so viele, dass das auf Dauer nicht glücklich macht. Man reißt sich, auf gut Deutsch gesagt, so sehr den Arsch auf, dass für Magie, für Miteinander und für gemeinsame Entwicklung kein Platz ist. Und ich wage zu behaupten, dass dies häufig der eigentliche Grund für die Unzufriedenheit in langjährigen Beziehungen ist. Eher selten ist es der falsche Partner.

Wenn wir uns darauf einigen können, dass wir, genauso wie die Kinder, nicht aufhören uns zu entwickeln und zu wachsen, dann haben wir einen der wichtigsten Grundsteine für eine glückliche Beziehung gefunden. Nichts ist in Stein gemeißelt und für die Ewigkeit bestimmt. Egal, wie alt wir sind, dürfen wir uns verändern und neu erfinden.

Umgekehrt kann es sein, dass wir Pläne und eine genaue Vorstellung davon haben, wo wir in fünf Jahren stehen und wie wir uns weiterentwickeln wollen. Und plötzlich wirft das Leben deine Pläne einfach über den Haufen.

Wenn ich mir anschaue, wo ich vor fünf Jahren war und was in der Zeit alles passiert ist: Das ist der Wahnsinn und das hätte ich nie für möglich gehalten. Ich weiß auch nicht, ob ich für möglich gehalten hätte, was in unserer Beziehung passiert ist, als die Kinder größer wurden. Hätte ich einen vorgefertigten Plan gehabt, was wie wann passieren muss, hätte das mich und uns in unserem Wachstumsprozess ganz schön eingeschränkt. Das Leben bringt uns immer wieder Geschenke oder – anders formuliert – Wachstumsmöglichkeiten.

Warum sollten wir diese außer Acht lassen, nur weil wir sie nicht eingeplant haben?

Du kannst natürlich trotzdem Pläne schmieden. Für mich sehen diese Pläne aber eher aus wie eine Bucketlist oder ein Visionboard. Beides sind gute Methoden, um sich gemeinsam zu überlegen: Wo möchte ich hin, wer möchte ich sein, was wollen wir noch gemeinsam, was will jeder für sich noch erleben?

Die Bereitschaft, eine Beziehung immer wieder neu zu definieren, ist für mich ein unglaublich großes Geschenk. Weil ich dadurch auch meinem Partner erlaube, sich aus alten und gewohnten Mustern zu lösen.

Für mich ist ein Vision Board hilfreich, um mir bzw. uns bewusst zu machen, wohin die Reise gehen soll. Doch es ist nicht dafür da, jeden Tag voll durchzuplanen, damit du zu diesem Ergebnis kommst. Du darfst dir und deinem Unterbewusstsein vertrauen, dass es die innere Führung übernimmt und du vielleicht plötzlich auch mal etwas völlig Neues und Verrücktes tust. Das ist, als wenn du dir innerlich die Erlaubnis gibst, neue Erfahrungen zu machen. In allen Beziehungen. In allen Bereichen. Ich liebe diese Methode. Es löst so unsere verinnerlichten Bewertungen und unsere Erwartungshaltung. Lasst euch Raum. Gebt euch Möglichkeiten.

Dich von dem was war zu lösen, öffnet dir viele Türen. Es ist immer wieder erstaunlich, welche Geschenke und Möglichkeiten Menschen ungeachtet liegen lassen, nur weil sie in ihrem Kopf eine feste Vorstellung davon haben, wer sie sind und wer sie zu sein haben. Die

Evolution hat es so für uns vorgesehen, dass wir uns weiterentwickeln. Markus sagt in diesem Zusammenhang immer: „Give it a try."

Gebt euch nicht einfach miteinander und mit dem Status quo zufrieden. Es ist kein Zufall, dass dieser Mensch gerade an deiner Seite ist. Ihr seid füreinander die große Chance, zu lernen und euch immer weiterzuentwickeln – in jeder Phase eurer Beziehung.

Der Haussegen hängt schief – na und?

Warum es für eine lebendige Beziehung wichtig ist zu streiten

Streit ist in Beziehungen ein großes Thema: zu viel Streit, zu wenig Streit, ausartender Streit, lauter Streit, leiser Streit, tränenreicher Streit und auch unausgesprochener Streit. Die Frage, wie Auseinandersetzungen ausgetragen und Konflikte gut gelöst werden können, beschäftigt fast alle Paare.

Konflikte, Konfliktlösungen, Kommunikation sind ein sehr großes Thema in Beziehungen. Und in der Regel ist das unabhängig davon, ob die Partner:innen gerne diskutieren oder eher konfliktscheu sind. Es geht dabei nicht nur um das Streiten an sich, sondern auch, wie wir damit umgehen und was das Thema in uns auslöst.

Leider haben viele nie gelernt, sich konstruktiv zu streiten. Es wäre super und für uns und die ganze Welt echt hilfreich, wenn es ein Schulfach gäbe, in dem wir eine beziehungsförderliche Streitkultur lernen würden. Deshalb ist es so wichtig, dass du dich damit beschäftigst, damit du dich und deinen Partner besser verstehst.

Von eigenen Werten und fremden Einflüssen

„Mit dir kann man überhaupt nicht diskutieren. Du bist ja total konfliktscheu." Diese oder ähnliche Worte habe ich tatsächlich schon zu hören bekommen. Wenn Markus das mitbekommt, prustet er laut los. Denn zumindest am Anfang unserer Beziehung hat er sich durchaus manchmal gewünscht, dass ich etwas konfliktscheuer wäre.

Streiten kann ich. Lange Zeit habe ich das als Makel empfunden. Mir wurde oft gespiegelt, dass ich zu emotional und zu laut bin. Das ich mal lernen müsse, mich weniger aufzuregen. Ich habe super gerne diskutiert, rege Auseinandersetzungen fand ich anregend. Ich habe mich an den Meinungen anderer gestört, auch weil sie noch einen viel zu großen Einfluss auf mich hatten. Ich fühlte mich in der Rolle der Besserwisserin, Weltversteherin und Rebellin recht wohl. Mit mir war nicht so leicht Kirschen essen. Die Welt durfte ruhig wissen, was ich wusste, was ich will und auch, was nicht.

Das war unfassbar anstrengend. Nicht nur für meine Mitmenschen, sondern besonders für mich. Doch dieses Label, das ich mir selber gegeben hatte – so unbequem zu sein, so auf Krawall gebürstet, wie meine Mama zu sagen pflegte –, das hat mir natürlich auch etwas gegeben. Nichts im

Leben hat nur eine Seite. Wenn etwas auf der einen Seite anstrengend ist, hat es auf der anderen Seite auch etwas richtig Gutes. Alles, was du zunächst anstrengend findest, enthält ein großes Geschenk. Falls dir auch vermittelt wurde oder wird, dass du zu laut, zu anstrengend, einfach zu viel bist, und du dich dafür verurteilst, denk mal drüber nach: Wer sagt das? Woher kommt das? Fakt ist nämlich: Wir sind immer genau richtig. Auch in den Momenten, für die wir uns anschließend verurteilen (es gibt da eine Ausnahme, darauf gehe ich später ein).

Ich habe gehört, wie falsch ich bin und wie falsch ich lag, wenn es bei uns geruckelt hat. Doch von wem habe ich das gehört? Es wäre jetzt ein Leichtes zu sagen, dass Markus oder andere Personen aus meinem Umfeld mir das gesagt haben. Das ist sicherlich auch vorgekommen. Aber weißt du, wer es am lautesten gebrüllt hat? Ich selbst.

Die Vorstellung, die ich übernommen hatte, von dem, wie ich sein muss, wie Konflikte vonstatten gehen und dass in einer harmonischen Beziehung einfach nicht gestritten wird, war sehr hartnäckig.

Dabei weiß ich gar nicht, woher diese Annahme kommt. Denn ich bin nicht so aufgewachsen. Meine Großeltern haben sich gestritten bzw. hatten Meinungsverschiedenheiten. Meine Eltern auch. (By the way, meine Oma hatte die Regel, nie zerstritten schlafen zu gehen. Weil man weiß ja nie, was so kommt. Mein Opa konnte das durchaus mal vergessen, aber er wurde dann so lange am Einschlafen gehindert, bis das Streitthema geklärt war. Da war sie sehr hartnäckig.)

Also woher kommt diese Haltung von mir, Streit als negativ zu bewerten? Schließlich bin ich so aufgewachsen, dass Meinungsver-

schiedenheiten besprochen und ausgetragen werden können. Ich kann es dir nicht sagen. Ich kann nur vermuten, dass diese Wertung gar nicht meine eigene ist.

Ja, du liest richtig. Es ist gar nicht meins. Wir sind so wunderbare Wesen, dass wir gern und häufig Annahmen, Einstellungen und Weltanschauungen aus unserem Umfeld übernehmen. Und verrückterweise nicht nur aus dem aktuellen Umfeld. In unseren Zellen sind Botschaften von sieben Generationen vor uns gespeichert! Wir tragen also auch Übernommenes in uns von einem Umfeld, das wir nie kennengelernt haben

Das ist weder gut noch schlecht. Doch es kann hilfreich sein, uns ab und an zu hinterfragen, um herauszufinden, ob eine Annahme oder eine Bewertung wirklich die eigene oder etwas Übernommenes ist. Dafür gibt es viele hilfreiche Tools. Eine einfache Möglichkeit ist, sich zu fragen: „Ist das gerade mein Gedanke oder der eines anderen?“ Mittlerweile kann ich recht gut unterscheiden, ob ich eine Bewertung übernommen habe oder ob es meine eigene ist. Wenn du das trainieren möchtest, mach Folgendes:

> Nimm zwei DIN-A4-Blätter und schreibe auf eines „Das ist meine Annahme“ und auf das andere „Das ist übernommen“.
>
> Lege beide Blätter mit der Rückseite nach oben auf den Boden und mische sie so lange, bis du nicht mehr weißt, was auf welchem Blatt steht. Dann stelle dir

eine Bewertung, einen Glaubenssatz o.Ä. vor, von dem du wissen willst, ob er deinen eigenen Werten entspricht oder ob du ihn übernommen hast. Ziehe deine Schuhe aus und stelle dich auf einen der Zettel. Spüre mit geschlossenen Augen, wie es sich anfühlt. Gut oder schlecht? Leicht oder schwer? Fühlst du dich wohl oder nicht? Dann mache das gleiche mit dem anderen Zettel.

Dann drehe die Blätter um. Da, wo du dich leicht, gut und wohl gefühlt hast, ist deine Wahrheit. (Du kannst dich damit natürlich auch selbst reinlegen – das ist keine Wissenschaft, die ich hier preisgebe. Es ist ein Hilfsmittel, um wieder einen Zugang zu deiner Intuition zu bekommen.) Denn meistens weiß dein Bauchgefühl schon, was richtig und was falsch ist. Es weiß schon, ob es deine Annahme ist oder eine übernommene. Das Problem ist nur, dass uns abgewöhnt wurde, unserer Intuition zu vertrauen.

Du kannst auch einen Muskeltest machen: Lege Zeigefinger und Daumen deiner dominanten Hand zusammen. Teste im neutralen Zustand, wie stark die Kraft ist, mit der beide Finger zusammendrücken. Nimm eine Aussage, die nicht wahr ist, wie z.B. „Mein Name ist Donald Duck“ und spüre nach, wie sich die Kraft deiner Finger verändert. Es wird leichter sein, die beiden Finger auseinander zu ziehen, weil dein System

die Kraft in den Muskeln durch diese falsche Aussage nicht halten kann.

Wenn eine Bewertung, die du aussprichst, deine eigene ist, dann bleibt die Kraft in den Fingern konstant. Wenn es eine übernommene ist, dann fällt der Muskeltest schwächer aus.

Aber bitte verwechsle das nicht mit reinen „JA“ und „NEIN“ Antworten – der Muskeltest ist kein Orakel.

Wie war das mit dem Streiten früher in deiner Familie und in der Familie deines Partners? Welche Anteile eurer Eltern habt ihr übernommen?

Dann ist natürlich ein großer und wichtiger Punkt, wer ihr seid. Wie würdet ihr euch beschreiben? Eher introvertiert? Eher impulsiv? Konfliktscheu oder streitlustig? Wie sieht es mit eurer Kommunikation aus? Könnt ihr wirklich benennen, worum es geht oder fällt es euch schwer?

Vielleicht kommt dir das, was ich zu Beginn des Kapitels erzählt habe, bekannt vor. Vielleicht kennst du das auch, dass du dir selber einen Stempel aufgedrückt hast. Für mich war es wichtig, unbequem zu sein. Ich kann dir heute gar nicht mehr sagen, warum. Vielleicht weil ich andere Anteile in mir oder an mir so abgelehnt habe. Unbequem zu sein gefiel mir. Damit habe ich mich deutlich

von anderen abgehoben. Es hat mir auch etwas gegeben, mich über gewisse Sachen aufzuregen. Dieses Drama. Wie schon gesagt, alles hat immer zwei Seiten.

Doch nur weil etwas einmal oder eine Zeit lang so war, heißt das nicht, dass du es nicht verändern kannst. Ich werde inzwischen tatsächlich manchmal als konfliktscheu bezeichnet. Das werte ich als großen persönlichen Erfolg. Dabei streite ich immer noch gerne. Einer guten Diskussion gehe ich nicht aus dem Weg. Aber ich lasse mich nicht mehr auf Auseinandersetzungen ein, die nur aus Schuldzuweisungen, Äußerungen unter der Gürtellinie und sich wiederholenden Mustern bestehen.

Wenn Menschen keine Verantwortung für das Geschehen übernehmen und nie einen Anteil des Konfliktes bei sich sehen, halte ich es inzwischen für relativ sinnlos, zu streiten oder zu diskutieren.

Es gibt einfach Menschen, die so gestrickt sind, dass sie nie schuld sind, sondern den Anteil des Konfliktes allein beim Gegenüber suchen. Da frage ich dich, welchen Sinn macht es, mit solchen Menschen zu streiten? Oder zu diskutieren?

Wenn jemand nicht bereit ist, seinen Standpunkt zu verändern, wenn jemand nicht bereit ist, auch die andere Perspektive einzunehmen, was bringt dann ein Streit?

Mir ehrlich gesagt gar nichts. Das ist völlige Energieverschwendung. Und ich bin meinen Ausbildungen und Weiterbildungen so dankbar, dass ich das heute so sagen kann. Dass ich das heute auch erkenne. Das war nicht immer so und es hat mich eine Menge Kraft gekostet. Es war unfassbar anstrengend und wirklich gut habe ich mich dabei nicht gefühlt.

Anlässe, Ursachen, Triggerpunkte & Co

Warum streiten wir uns überhaupt? Was sind die Auslöser für Konflikte? An der Oberfläche streiten Partner:innen häufig um leere Kaffeedosen, nicht geputzte Badezimmer oder herumliegende Klamotten. Aber im Grunde geht es um Weltanschauungen, Prioritäten und Werte.

Bei vielen meiner Vorträge oder Seminaren erzähle ich gerne dieses banale Beispiel: In meiner Wahrnehmung ist es so, dass mein Mann nicht so ordnungsliebend ist. Ich formuliere das hier bewusst so vage, denn es ist ja nur meine Wahrnehmung und Markus sieht das aus seiner Wahrnehmung anders.

Wir haben im Schlaf- und Badezimmer so einen Behälter, der nennt sich Wäschekorb. Ich bin davon ausgegangen, dass es völlig klar ist, dass getragene Wäsche, die gewaschen werden muss, in diesen Korb geworfen wird. Das ist aber nur *meine* Vorstellung.

Mein Mann sieht das völlig anders. Vor allem die getragenen Socken finden, warum auch immer, ihren Weg in diesen Korb *nicht*. Sie liegen gerne um das Bett herum (auch diese Perspektive, ob das so besonders

gemütlich ist, habe ich wirklich getestet). Und ich verstehe es nicht. Ehrlich. In meiner Welt und aus meiner Perspektive kann ich es nicht nachvollziehen, warum die Socken immer überall rumfliegen. Lange Zeit habe ich das sehr persönlich genommen. Ich habe mich geärgert, aufgeregt und wir haben gestritten. Ja, über Socken. Völlig banal, eigentlich. Doch diese Socken standen für etwas und das waren keine Käsefüße. Ich habe viel Kreativität an den Tag gelegt, um Markus auf meine Sicht der Dinge aufmerksam zu machen. Doch das war nur semifruchtbar. Bis heute versteht er nicht, warum ich mich über so etwas Banales wie Socken aufregen kann.

Auch umgekehrt gibt es natürlich Dinge, die Markus total aufregen. Ich leere nie mein Glas. Ich habe keine Ahnung warum, aber egal, ob es Kaffee, Tee, Wasser oder Orangensaft ist, es bleibt immer eine kleine Pfütze im Glas oder in der Tasse zurück. Mir wäre das nie aufgefallen, und wenn, hätte ich das nie als etwas Schlimmes angesehen. Doch Markus reizt das total. Er bekommt jedes Mal eine Minikrise, wenn er meine Tasse in die Spülmaschine räumt. Und ich sitze da und verstehe die Aufregung nicht. Für mich ist klar: Ich trinke, und wenn ich keinen Durst mehr habe, ist halt gut.

Diese beiden eher harmlosen Beispiele waren in unserer Beziehung immer wieder ein Streitthema. Denn diese Socken, die auf dem Boden lagen, haben einfach so viel mehr bedeutet als das, was sie waren.

Wir ärgern uns über das Verhalten des anderen. Warum? Weil es uns triggert. Es trifft einen wunden Punkt. Für mich waren diese Socken nicht nur nervig, sie haben meine inneren Überzeugungen so richtig aktiviert.

Ich erkläre dir kurz, wie das abläuft: Ich betrete unser Schlafzimmer. „Eigentlich" bin ich total happy, alles ist gut. Dann fällt mein Blick auf diese schwarzen Socken, die auf dem Boden vor dem Bett liegt. Innerhalb von Sekunden ist meine Stimmung im Eimer. In meinem Inneren gehen sämtliche Alarme los. Diese Socke ist von nun an nicht länger eine Socke. Sie ist ein kleines schwarzes Monster, das mir die Zunge rausstreckt und Sachen sagt wie:

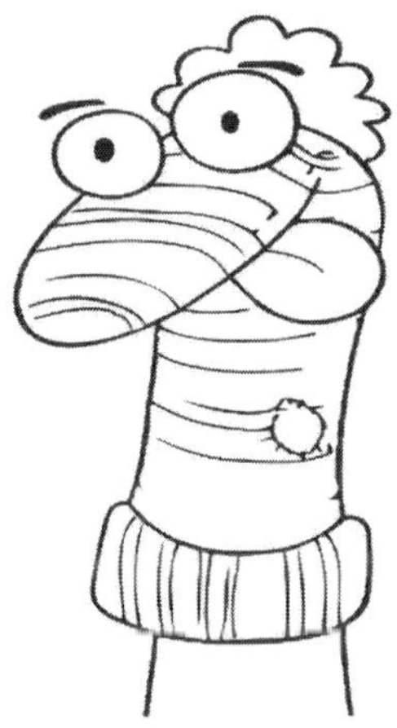

„Siehste, du musst alles alleine machen."

„Bück du dich ruhig – der Herr ist sich dafür zu schade!"

„Du, Frau, heb gefälligst dem Herrn die Socken auf."

Und ich ärgere mich kolossal. Aber für Markus ist es nicht nachvollziehbar, dass mich eine kleine Socke so stört. Kunststück, denn leider – oder auch zum Glück – kann er diese Stimmen und diesen Alarm nicht hören.

Da ist es auch nicht hilfreich, wenn er mir sagt: „Jetzt reg dich doch nicht so auf, das ist doch nur eine Socke!“ Weißt du, was passiert, wenn man ein „Mentos“ in eine Flasche Cola wirft?

Dieses Bild illustriert perfekt, wie sich dieser Satz auf meine Verärgerung auswirkt. Und irgendwie passiert es, dass wir von der Socke hinkommen zu: „Du liebst mich ja überhaupt nicht.“ Das Ganze entwickelt sich natürlich in Überschallgeschwindigkeit.

Beim letzten Schluck Kaffee in der Tasse ist es ganz ähnlich. Besonders heikel wird die Situation, wenn Markus die noch nicht ganz leere Tasse in die Spülmaschine stellt und sich der letzte Schluck Kaffee unkontrolliert über alles ergießt. Das war Markus' Alarmsirene. Und von einem kleinen Kaffee waren wir plötzlich bei: „Das geht hier gar nicht mehr, du nimmst keinerlei Rücksicht.“

Wie möchte ich es haben?

Und jetzt, meine lieben Leserinnen, wer von euch Situationen wie diese nicht aus eigener Erfahrung kennt, darf nun den ersten Stein werfen ...

Machen wir uns nichts vor: Jede von uns hat so ihre Trigger und es gibt Situationen, die von außen betrachtet ganz klein wirken, aber unfassbar großes Streitpotenzial beinhalten. Das liegt halt daran, wer wir sind. Was uns wichtig ist. Welche Glaubenssätze (ja schon wieder, sorry) wir haben. Dabei geht es nicht um richtig oder falsch. Es geht darum, wie ich mit der Situation umgehe. Wie möchte ich es haben? Ja, du hast richtig gehört: Wie möchte ich es haben?

Ich möchte, dass mein Mann die Socken in den Wäschekorb wirft. Wenn ich ihn darum bitte, klappt das drei Tage (bei mir und meiner Kaffeetasse ist die Spanne kürzer). Danach verfällt er wieder in sein altes Muster. Muss ich mich nach drei Tagen also wieder aufregen? Früher war das so. Doch heute ist es anders.

Markus hat wunderbare Fähigkeiten. Er ist so ein toller Mann. Seine Fähigkeiten hier aufzuzählen, würde den Rahmen dieses Buches sprengen, denn es sind so viele (ja, ich weiß, dass ich gerade etwas angebe). Aber Socken in den Wäschekorb werfen, das kann er nicht wirklich gut.

Worauf konzentriere ich mich jetzt? Auf das, was nicht gut funktioniert? Oder konzentriere ich mich auf seine tollen Eigenschaften?

Weiter darf ich meine Verantwortung bei diesem Sockenalarm auch nicht vergessen. Wieso reizt es mich so? Wieso macht es mich so fertig? Das hat nichts mit Markus zu tun. Es ist *meine* Aufgabe und auch meine Verantwortung, hinter die Kulissen zu schauen und mich mit meinen inneren Monstern auseinanderzusetzen, statt wie eine scharfe Bombe, die jederzeit hochgehen kann, durchs Leben zu laufen.

Und das, meine Liebe, trifft auch auf dich zu. Es ist eine beliebte Strategie, mit dem Finger auf den Partner zu zeigen und zu sagen, was er alles falsch macht. Diese Strategie habe ich auch jahrelang angewendet. Doch zugegeben, es hat mich nicht glücklich gemacht, sondern eher noch weiter runtergezogen.

Was würde es für eure Beziehung bedeuten, wenn du und natürlich auch dein Partner die Verantwortung für eure inneren Alarmknöpfe übernehmen würdet? Wenn ihr schaut, was denn hinter den Socken und hinter dem Schluck in der Tasse steckt? Warum macht euch das so irre?

Die Frage, wie du es haben möchtest, ist da ein totaler Türöffner. Möchtest du wirklich eine Beziehung führen, die aus Meckern und Motzen besteht? Eine Beziehung, die von unbewussten Glaubenssätzen gesteuert wird? Also ich möchte das nicht.

Kein Mensch ist perfekt. Wir haben alle unsere Macken, Ecken und Kanten. Warum sollten wir also von unseren Partnern verlangen, dass sie ihre Macken ablegen, nur weil wir nicht damit umgehen können? Denn nichts anderes steht hinter diesen Streitigkeiten: unser persönlicher Umgang mit diesen Themen und unsere Gedanken, die dahinter liegen.

Und ja, auch dein Partner ist da gefragt. Denn eine Partnerschaft funktioniert nur, wenn beide gemeinsam daran arbeiten. Wenn beide auch die eigenen Dämonen anschauen und Verantwortung für sich übernehmen.

Wir haben in Sachen Tassen und Socken folgenden Kompromiss gefunden: Ich hebe keine Socken mehr auf. Wenn Markus es nicht schafft, sie in den Wäschekorb zu werfen, bleiben sie einfach auf dem Boden liegen. Und es werden nur die Socken gewaschen, die im Wäschekorb liegen. Dass Markus oft die Wäsche für die Waschmaschine sortiert, ist recht praktisch, denn dann rafft er die Socken schnell zusammen. Ansonsten ist es halt sein Pech, wenn keine sauberen Socken mehr in der Schublade liegen.

Ich trinke meine Gläser inzwischen leer. Ebenso meine Tassen. Es war eine reine Angewohnheit und diese konnte ich mit Leichtigkeit ändern.

Schaut für euch gemeinsam hin. Welche Fähigkeiten hat dein Partner? Was kann er besonders gut? Worin unterstützt er dich? Umgekehrt natürlich auch. Und ist das nicht gut? Reicht das nicht? Du wirst, wenn du danach suchst, immer etwas finden, was doof ist. Du wirst immer etwas finden, was nicht perfekt ist. Soll ich dir was sagen? Das ist eine so krasse Angewohnheit, die uns gesellschaftlich da auferlegt wurde: dieses dauernde Perfektionieren und Optimieren. Schöner und leichter wird es, wenn wir uns dazu entschließen, miteinander zufrieden und glücklich zu sein, statt uns das Leben mit unseren Erwartungen schwer zu machen.

„Müsst ihr euch denn immer streiten?"

Das Bild, was viele von unserer Beziehung haben ist, dass wir in absoluter Harmonie und Übereinstimmung leben. Und wenn Missstimmung aufkommt, dann meditieren wir eine Runde und alles ist wieder tutti. Ähm, nein. So sieht unsere Realität nicht aus. (Ich weiß auch gar nicht, ob das wirklich erstrebenswert ist.) Wir streiten uns immer noch. Wenn auch nicht mehr über die Socken.

Wie schon gesagt, ich habe gerne und lautstark meine Meinung oder mein Missfallen ausgedrückt. Markus war da anders. Er hat früher nicht viel diskutiert. (Er sagt von sich, dass er nicht so ein Mann der Worte ist. Hm, ich habe da eine andere Wahrnehmung, aber gut.) Lange Zeit war es so, dass er in einem Streit erst wenig und dann „Jaja" gesagt hat, danach seine Ruhe hatte und doch gemacht hat, was er wollte.

Woher diese Strategie kommt und wieso er sie angewendet hat: Ich habe keine Ahnung. Ist mir auch egal. Es war auf jeden Fall super nervig.

Was glaubst du, was ich mir alles anhören musste? Wie sehr ich meinen Mann unterbuttere, wie sehr es nur danach gehe, was ich will usw. Und ich habe das gehört und gedacht: Ihr habt ja keine Ahnung. Der ist gar nicht so brav, wie ihr den alle wahrnehmt.

Ist schon spannend, wie und was andere bewerten und auch, wie uns diese Bewertungen beeinflussen. Ich war sehr bemüht, dieses Bild, das wir nach außen abgegeben haben, zu verändern. Ich wollte nicht in die Rolle der dominanten Ehefrau gesteckt werden. Dass ich mich da selber reinmanövriert habe, wusste ich damals noch nicht.

Dass Markus nicht streiten konnte oder wollte, hat mich noch mehr angefeuert. Wir haben echt viel und über Nichtigkeiten gestritten. Vielleicht wollte ich Markus herausfordern, dass er mir endlich Kontra gibt. Dass wir uns beide endlich richtig fetzen können.

Die Rolle, die wir in bestimmten Konstellationen einnehmen, wählen wir meistens unbewusst aus. Wir tun dies aus den unterschiedlichsten Beweggründen. Ich habe mich damals für die Rolle der Nervensäge, vielleicht auch der Diva entschieden. Markus hatte die Rolle des Ruhigen und Konfliktscheuen übernommen. Es gab sicher viele Gründe, warum wir beide damals diese Rolle eingenommen haben.

Doch wir haben – und das ist das Entscheidende – beide unsere Rollen verändert.

Vielleicht weil wir häufig aneinandergeraten sind und dadurch auch immer wieder gewachsen sind. Denn genau das passiert bei Konflikten und Streitereien. Wir wachsen (Achtung: Das ist natürlich abhängig vom Niveau des Streits). Wenn wir durch unsere negativen Gefühle durchgehen, sie aushalten und annehmen, bedeutet das, dass wir wieder einen inneren Dämon oder auch eine innere Angst benennen und auflösen. Dass wir auch lernen, mit unserem Partner umzugehen, wenn er gerade von seiner Angst beherrscht wird.

Das ist nicht unbedingt schön. Von angenehm mal ganz zu schweigen. Dabei hätten wir es doch alle so gerne nett und kuschelig. Besonders, wenn noch andere Menschen mit dabei sind. Da streitet man sich doch nicht. Da hat man doch keine Meinungsverschieden-

heiten. Das macht man doch als Paar unter sich aus und nicht vor Zeugen.

Kennst du diese Gedanken? Oder diese Vorurteile? Das ist so gesellschaftliche akzeptiert. Also dass Streit oder Meinungsverschiedenheiten nicht vor anderen, schon gar nicht vor Kindern ausgetragen werden.

Wir leben in einer Gesellschaft, die sich den Zugang zu negativen Gefühlen verbietet. Achte doch mal darauf. Wenn du gut drauf bist, wenn alles im Flow ist, das ist super, oder? Aber wenn dies nicht so ist, hast du die Macht, die Stimmung einer ganzen Gruppe runterzuziehen. Egal ob im Familienkreis, unter Arbeitskolleg:innen oder Freund:innen – sobald eine Person schlechte Laune hat, kippt die gesamte Gruppenstimmung. Warum ist das so?

Warum erlauben wir uns, uns vor den Kindern zu küssen, nicht aber, auch mal zu streiten? Viele Paare tragen ihre Konflikte nicht vor den Kindern aus. Als würde ein Kind die negativen Vibes, die in der Luft liegen, nicht ohnehin spüren. Kinder fühlen sich dann schlecht, ohne zu wissen, warum. Und das ist fatal. Ich meine, was vermittelst du denn dann deinen Kindern? Sie spüren die schlechte Stimmung und, wie Kinder nun mal so sind, beziehen diese auf sich. Sie überlegen, was sie falsch gemacht haben, was Mama und Papa verärgert hat usw. Es ist deshalb für Kinder viel leichter zu verstehen, wenn Eltern einem Kind erklären: „Mama und Papa sind gerade nicht einer Meinung. Das müssen wir auch gar nicht sein. Aber wir ärgern uns über einander. Das hat gerade nichts mit dir zu tun und du bist auch nicht schuld. Und auch wenn Mama und Papa sich streiten, haben sie sich trotzdem lieb. Du erkennst sogar, das wir uns lieb haben, weil wir uns manchmal streiten."

Wir leben in einer Gesellschaft, die sich den Zugang zu negativen Gefühlen verbietet. In einer perfekten Welt bzw. in einer für mich perfekten Welt würden wir uns auch den Zugang zu unseren negativen Gefühlen erlauben. Wir würden nicht ständig bewerten: gut oder schlecht, angenehm oder nicht angenehm. Wir hätten vielmehr eine neutrale und offene Haltung dazu im Sinne von: Ach, wie spannend. Oh, wie interessant.

Denn wenn wir uns die negativen Gefühle immer verbieten, fliegen sie uns irgendwann unkontrolliert um die Ohren. Stell dir vor, du oder auch dein Partner – ach komm, sagen wir alle Menschen – verbieten sich negative Gefühle. Wir sind ja schön angepasst, nett und möglichst unkompliziert.

Doch, oh Wunder, tatsächlich finden wir gar nicht immer alles so gut. Tatsache ist, wir bewerten nun mal. Und finden gewisse Sachen, Äußerungen oder Ereig nisse auch einfach richtig doof.

Aber wenn ich etwas doof finde, mag man mich nicht mehr. Wenn ich so motzig bin, kommen die anderen mit mir nicht so gut klar. Wenn ich motzig bin, ist mein Mann wieder genervt. Ich muss doch schließlich dankbar sein. Auch wenn ich das gerade gar nicht fühle und mich das echt ankotzt, was gerade ist. Aber, pssst, das darf ich nicht mal so benennen, weil, das tut man ja nicht.

So läuft es doch häufig, oder? Wer mag schon mies gelaunte Menschen? Dann tanzen wir uns doch direkt wieder in den High-Vibe-Modus. Oder machen eine Meditation und zünden ein paar Kerzen an – und schwuppdiwupp ist alles wieder gut. Kann man machen. Hilft nur nicht. Weil deine negativen Gefühle immer noch doch da sind. Die deines Partners natürlich auch. Das, was weh tut, was dich verletzt hat; das, was gerade in dir vorgeht, das ist doch alles da. Das kannst du nicht einfach wegmeditieren – solltest du auch nicht.

Was du tun solltest ist: Fühl es. Ja, richtig. Gib dich in den Schmerz rein. Lass ihn zu. Sage doch mal: „Das war gerade ganz großer Scheiß – und das fühlt sich richtig mies an." Lächle es nicht weg. Spiel es nicht runter. Fühl es.

Das ist auf so vielen verschiedenen Ebenen so wichtig.

Fangen wir mit dir an. Stell dir vor, diese Gefühle, von denen ich gerade gesprochen habe, dürfen nicht gefühlt werden. Trotzdem sind sie da. Sie müssen also irgendwo hin. Deshalb packst du sie in irgendeine hintere Ecke in dir, wo du nicht so oft hinschaust. Du kannst dir das vorstellen, als würdest du einen Wasserball unter die Oberfläche drücken. Das ist ganz schön anstrengend. Je mehr Luft im Ball ist, desto schwieriger wird es. In deinem Wasserball sind deine ganzen ungefühlten negativen Gefühle. Und du drückst sie runter. Irgendwann merkst du, dass es immer schwieriger wird, den Ball unter Wasser zu halten. Und dann passiert es, dass du einfach loslässt. Die Kraft ist am Ende. Und der Ball kommt irgendwo mitten im Pool nach oben geschossen. Du kannst es nicht mehr kontrollieren. Vielleicht landet er bei dir oder jemand anderem im Gesicht. Autsch. Das tut richtig weh.

Wäre es nicht viel besser, wenn du den Wasserball gar nicht runterdrücken müsstest? Wäre es nicht viel schöner und viel weniger anstrengend, wenn der Wasserball einfach überall auf dem Wasser sein dürfte? Er schwimmt da so vor sich hin, tut niemanden was und alles ist easy? Hört sich doch viel entspannter an als dieses ständige Runterdrücken.

Genauso ist das mit deinen Gefühlen. Wenn du zulässt, dass du alles fühlen darfst, was ist, und wenn du das auch deinem Partner zugestehst, dann nehmt ihr euch ganz viel Druck. Klar ist Dankbarkeit total wichtig und auch Meditationen sind super. Aber sorry, wenn du gerade ein wütendes kleines Rumpelstilzchen bist, dann lass es verdammt noch mal raus. Dann wird das Rumpelstilzchen auch gar nicht so groß. Es wird gar nicht zu so einer Dämonsache. Lass es raus. Und pass auf, was dann geschieht.

Vielleicht hast du gelernt, dass liebe Mädchen immer lächeln, dass Jungs immer ruhig und besonnen sind und dass Streit schlecht ist. Ich sage dir: Pfeif drauf! Denk an den Wasserball und schau dir mal dein Umfeld an: Wie viele Menschen halten mit aller Macht und Kraft ihren Wasserball unter Wasser?

Die zweite und nicht zu unterschätzende Ebene sind deine Kinder. Die Ansicht, dass Kinder auch mit negativen Gefühlen konfrontiert werden können, ruft sicher oft Stirnrunzeln hervor. Kinder müssen vor Streit bewahrt werden, sollen nie ein schlechtes Wort hören und in allem, was sie tun, bestärkt werden. Diese Meinung ist weit verbreitet.

Da ist genau der Punkt. Ich weiß nicht, ob du Kinder hast. Das ist auch überhaupt nicht von Belang. Es ist für die gesamte Welt, die ganze Menschheit wichtig und ein großer Unterschied, wie wir mit gewissen Situationen umgehen. Von daher, ließ bitte trotzdem weiter, auch wenn dich das Thema eigene Kinder nicht betrifft.

Wir vermitteln Kindern häufig, dass Streit und Wut nicht okay sind, bzw. geben ihnen Tipps, wie sie ganz schnell wieder rauskommen (wir sollten uns eher die Frage stellen, ob *wir* es nicht aushalten können). Weißt du, was wir unseren Kindern stattdessen viel mehr vermitteln dürfen? Dass wir sie lieben, wie sie sind. Egal, ob gute Laune, schlechte Laune, egal, ob Wut da ist, egal ob Freude da ist. Es ist egal.

Meine Kinder sind schon ein bisschen größer. Sie werfen sich heute eher selten wütend auf den Boden, stampfen und schreien. Doch diese Zeiten gab es auch. Wir haben eine Szene mit der Videokamera eingefangen und Markus hat sie kommentiert mit: „Auch das darf festgehalten werden.“ Du siehst auf diesem kurzen Video eine

ganz unglückliche Zweijährige. Sie wirft sich auf den Boden, sie steht wieder auf, wirft sich auf den Stuhl, sie ist so wütend, heult, schreit rum und weiß gar nicht, wohin mit sich. Die ganze Zeit ist ihr Papa bei ihr und streichelt ihr übers Haar, was aber nicht sonderlich gut ankommt. Er fragt immer wieder, was denn los sei. Ja, das weiß sie selber nicht. Irgendwann fragt er sie: „Kann ich dir helfen?" Darauf brüllt sie nur noch lauter: „Nein!!! Ich bin sauer." Okay.

Dann sagt er, dass er sich jetzt einfach auf den Boden setzt. Er fasst sie nicht an, er beschwichtigt nicht, er ist einfach nur da. Es dauert ein paar Minuten, bis sie zu ihm kommt. Sie wirft sich immer noch nicht in seine Arme. Sie heult einfach neben ihm. Auf dem Boden. Er ist nur da. Es dauert eine Zeit lang, bis sie endlich sagt: „Papa, Arm." Da endet das Video, weil das Kind seine Arme brauchte.

Als ich das vor kurzem wieder einmal angeschaut habe, dachte ich: Wow. So geil. Das war es doch, was sie brauchte. Sie hat gemerkt, der Papa ist da. Der hat dich lieb und es ist alles okay. Sie war einfach wütend. Hat es rausgelassen. Und es dauerte, so lange es eben dauert. Danach war die Welt wieder in Ordnung. Also, warum müssen wir immer jemanden irgendwo rausholen? Warum können wir denn nicht einfach nur da sein? Vermitteln, hey, ich bin für dich da. Ich liebe dich. Egal, in welcher Verfassung du gerade bist.

So ist es auch mit Konflikten. Lasst uns unseren Kindern doch zeigen, dass es zum Leben dazugehört, sich zu streiten. Dass wir keine Angst vor Streitereien haben müssen. Ein Streit ist kein Grund für eine Trennung. Klar, es ist kein wunderschöner Zustand. Aber wäre alles im Leben immer nur schön und rosa, würden wir nicht wachsen. Ich weiß, ich wiederhole mich. Aber vielleicht musst du es noch mal hören. Du wächst nicht im Rosa-Wolken-Land. Du wächst mit Her-

ausforderungen. Und weil wir Menschen lebendige Prozesse sind und auch unsere Beziehung ein solcher Prozess ist, sind Streitereien und Konflikte wichtig.

Warum haben so viele Kinder Angst, dass ihre Eltern sich trennen? Weil ihnen ein „falsches“ Bild vermittelt wird. Eine unserer Töchter fragte uns mal: „Müsst ihr euch immer so viel streiten?“ Noch bevor wir antworten konnten, rief ihre Schwester schon: „Entspann dich, solange die sich streiten, ist alles okay.“

Kleiner Exkurs: Es gibt durchaus Streit und Konflikte, die ich für höchst ungesund und toxisch halte. Das sind jene Auseinandersetzungen, in denen verbale und auch körperliche Gewalt dabei ist. Niemand, wirklich niemand, hat das Recht, einen anderen Menschen physisch oder psychisch zu verletzen. Das ist ein absolutes No-Go. Am Ende des Kapitels gehe ich noch mal auf das Thema toxische und narzisstische Beziehungen ein. Dort werde ich auch eine Liste von Kontakten teilen sowie erste Schritte, die du tun kannst, um dich aus solchen Beziehungen zu lösen.

Alles eine Frage der Streitkultur

Beobachte dich mal, wenn du dich mit jemandem streitest. Wirst du dann persönlich? Greifst du dein Gegenüber an, weil du sonst das Gefühl hast, kein Recht zu bekommen? Wie sehr bist du im Modus des Rechthabens? Und wie ist das bei deinem Partner?

Wenn Markus und ich uns streiten, sind wir beide sehr emotional. Da denkt auch jeder von uns, er sei im Recht. Was unsere Konflikte heute aber deutlich von früher unterscheidet, ist, dass wir eine andere Streitkultur entwickelt haben.

Was ist anders geworden? Als erstes der Ton. Damit meine ich, dass wir uns (fast) nicht mehr im Ton vergreifen. Wir machen uns gegenseitig nicht runter. Dem Partner seine Unzulänglichkeiten um die Ohren zu werfen – wir haben für uns beschlossen, das so nicht mehr zu wollen. Wut und Empörung sind okay, aber sie gehören nicht in einen Streit. Wenn ich merke, dass die Emotionen hochkochen, dann verlasse ich die Situation. Dann brauche ich einen Moment, wo ich mich am Boxsack abreagiere, Zeitungen zerreiße oder, was auch sehr gut hilft, duschen gehe.

Dazu möchte ich kurz etwas ausholen. Es gibt Tage, die sind einfach richtig mies. Tage, die unheimlich viele Geschenke enthalten, um die man aber gar nicht gebeten hat (ja, man kann die Lebenseinstellung haben, dass schwierige und herausfordernde Situationen Geschenke des Lebens sind). Stell dir vor, dein Partner hat so einen Tag. Er kommt von der Arbeit nach Hause und du merkst schon an der Art, wie er seine Tasche abstellt, wie sein Tag war. Bei dir ist die Stimmung,

sagen wir, neutral. Gleich nachdem er dich begrüßt hat, fängt er an, an Kleinigkeiten herumzunörgeln.

„Wie sieht denn die Küche wieder aus? Kannst du nicht mal richtig aufräumen?“

„Wieso sind die Kinder so laut und lassen alles hinterm Hintern liegen?“

Du verstehst bestimmt, was ich meine. Irgendetwas, was er dir vorwirft, was aber einfach nichts mit dir zu tun hat. Das schlechteste, was du in so einer Situation tun kannst, ist, dich auf diese Diskussion einzulassen. Warum? Er ist in einer ganz anderen Energie. Seine Energie ist mies. Die ist buchstäblich im Keller. Jetzt liegt es in der menschlichen Natur, dass wir gerne miteinander auf einer Wellenlänge sind. Dass jemand, der im Keller ist, auf ein positives Level hochkommt, ist echt selten. Also wird dich eine Diskussion eher runterziehen. Das trifft natürlich nicht nur auf deinen Partner zu. Es passiert in Freundesgruppen, unter Kolleg:innen usw., also überall, wo Menschen zusammenkommen.

Alles, was ich hier schreibe, passiert unterbewusst. Die wenigsten Menschen sind sich darüber bewusst. Aber wenn du weißt, wie sowas funktioniert, ist es dir möglich, es bewusst wahrzunehmen.

Was also kannst du tun, wenn jemand anfängt, dich auf sein Energielevel runterzuziehen? Na, dich nicht darauf einlassen.

Weißt du, wie schwer es ist, mit jemanden zu streiten, der oder die gar nicht streiten möchte?

Bleib da bitte bei dir. Mein persönlicher Tipp: Schick deinen Partner duschen oder in den Wald oder was weiß ich ... Vielleicht mit einer Aussage wie: „Schatz, dein Tag war so mies, dass du dich jetzt über die Küche aufregen musst? Das tut mir leid. Geh doch mal duschen, vielleicht geht es dir dann besser." Oder: „Du scheinst ganz schön verärgert zu sein. Zerreiß doch mal ein paar Zeitungen oder schrei ins Kissen."

Es gibt natürlich keine Garantie, dass dein Partner sich darauf einlässt. Aber wenn er nicht bei dir andocken kann, ist das schon mal super.

Wir dürfen uns klar machen, dass es die eigenen persönlichen Prozesse sind, die uns fertig machen.

Die verstreut herumliegenden Socken sind nur die Trigger. Darum geht es meistens gar nicht.

Die Frage „Wie möchtest du es haben?" ist auch hier wichtig. Ich kann dir nur sagen, dass weder Markus noch ich uns von jemandem runterputzen lassen möchten. Weder von Fremden noch voneinander. Ich bin weder für meinen Partner noch für meine Kinder noch für sonst irgendjemand ein Ventil für schlechte Laune. Und natürlich umgekehrt auch. Es geht nicht nur darum, dass eine verbale Attacke genauso schlimm ist wie eine Ohrfeige. Es geht darum, dass wir uns endlich wie reflektierte Menschen benehmen sollten. Auch wenn mich etwas ärgert oder wütend macht, ist das noch lange keine Entschuldigung dafür, mich im Ton zu vergreifen.

Es gibt natürlich Situationen, die einfach geklärt werden müssen. Und es gibt durchaus Ansichten, die ich nicht bereit bin zu verändern. Und

ich hoffe, du auch nicht. Wir brauchen Kontroversen. Wir brauchen „vernünftige“ Auseinandersetzungen. Dann kann es auch passieren, dass man während eines Streits merkt, dass die andere Sichtweise gar nicht so verkehrt ist. Dann dürfen wir die Größe haben, das auch zuzugeben.

Wir sind alle Menschen. Menschen machen Fehler.

Dinge verändern sich. Wir verändern uns. Weißt du, wie oft wir über Ordnung gestritten haben? Oder wer wofür zuständig ist? Es war uns beiden zu dem Zeitpunkt einfach wichtig. Heute juckt es mich nicht, wie hoch das Unkraut im Garten steht. Es ist uns beiden einfach nicht mehr wichtig.

Mein Tipp an dich: Werde zur Detektivin in Sachen Streitkultur. Forsche nach, wie das bei dir so ist. Was steht dahinter? Was sind deine Trigger? Überlege dir, auf welchem Niveau du streiten möchtest. Denn ein Streit oder ein Konflikt erfordern sehr viel Energie. Überlege dir genau, für wen und auch für was du diese Lebensenergie aufbringen möchtest.

... dafür bin ich die falsche Frau! Aussteigen aus dem Drama

Vielleicht sagst du jetzt: „Aber Ellen, ich weiß das schon, aber mein Partner kann sein Drama nicht loslassen.“ Dann frage ich mich, warum du in seinem Drama immer noch mitspielst.

Wenn du aussteigst aus seinem Drama, passiert etwas ganz Einfaches. Du übernimmst die Verantwortung für *dein* Wohlbefinden. Wir verbringen soviel Zeit damit, unserem Partner zu erklären, was alles falsch an ihm ist. Was er alles nicht kann, was an seinem Verhalten für mich doof ist.

Sorry, wenn ich das hier so deutlich sage: An deinem Partner ist nichts falsch. Er darf unglücklich, unmotiviert, unzufrieden und im Drama sein. Das ist total legitim. Nur wäre ich dann für diesen Menschen eben die falsche Frau. Wenn Markus für sich und sein Ego dieses ständige Drama bräuchte, wäre ich die falsche Partnerin. Denn auf dieses Mindset habe ich definitiv keine Lust. Da bin ich im Pipi-Langstrumpf-Modus: Ich mach mir die Welt, wie sie mir gefällt. Denn genauso ist es doch. Wir dürfen unser Leben so leben, wie wir es wollen. Es gibt keine Gesetz und keine Vorschrift, dass du dich immer anderen anpassen musst.

Du verdienst das geilste aller geilen Leben. Du verdienst nur das Beste. Das bedeutet natürlich auch, dass sich dies in deiner Partnerschaft wiederspiegelt.

Es gibt unzählige Ratgeber über die Liebe. Es gibt unzählige geschriebene Wörter darüber, wie wichtig dein Selbstwertgefühl bei der Partnerwahl ist und warum manche immer wieder die Menschen anziehen, die ihnen gar nicht guttun.

Und das gilt auch für Langzeitbeziehungen.

Wie gering ist denn bitte dein Selbstwertgefühl, wenn du denkst, dass du dieses Drama verdient hast? Wenn du denkst, das wäre normal?

Für mich wäre so eine schlechte Stimmung und dieses Drama ein No-Go. Und das kann ich inzwischen auch ganz klar kommunizieren. Ein Umfeld, das so im Mangel ist, möchte ich einfach nicht. Es muss sich deshalb auch keiner ändern. Nicht mal ich. Jede:r hat die Wahl, wie er oder sie leben möchte, auch wenn wir verheiratet sind. (Davon liest du im nächsten Kapitel mehr.)

Für mich war es total wichtig, hier zu differenzieren. Meine Aussagen zielten nicht mehr darauf ab, was Markus vielleicht alles falsch macht. Mit Schuldzuweisungen um sich zu werfen und selbst keine Verantwortung zu übernehmen, ist ja ziemlich einfach.

Doch das ist genau das Ding. Du hast die Verantwortung für dein Leben, weder dein Partner noch deine Kinder oder deine Eltern. Die

müssen auch keinen Eiertanz um dich herum machen, damit es dir gut geht. Dafür bist du verantwortlich.

Wenn du also die Perspektive veränderst von „mein Partner ist falsch" hin zu „dafür bin ich vielleicht einfach die falsche Frau" löst das eine Menge Vorwurf auf.

Und es öffnet einen Raum der Wahlmöglichkeiten. Du lässt damit deinen Partner so, wie er ist. Du dokterst nicht an ihm rum. Du überschüttest ihn nicht mit Vorwürfen. Du meckerst auch nicht. Du triffst nur eine Feststellung. Und die lautet: „Du möchtest so leben. Du entscheidest dich immer wieder für XY. Du handelst so. Das ist okay. Du kannst das alles so machen. Aber dafür stehe ich nicht mehr zur Verfügung. Dafür bin ich die falsche Frau. Vielleicht passt eine andere Frau viel besser zu dir. Wenn du mich allerdings weiter als Frau in deinem Leben möchtest, dann darf sich etwas verändern."

Es ist okay, etwas anderes vom Leben zu wollen. Es ist okay, wenn sich Differenzen ergeben. Es ist völlig okay, wenn sich die Lebenswege trennen. Doch was nicht okay ist, jedenfalls für mich nicht, ist, sich ständig zu verbiegen oder in einer unglücklichen Beziehung zu leben, weil du denkst, dass es so sein muss.

Übernimm die Verantwortung für dich und dein Leben. Den Satz „Dafür bin ich die falsche Frau" auszusprechen, bedeutet nicht zwangsläufig, dass ihr euch trennt. Es kann auch bedeuten, dass ihr euch wieder die Möglichkeit einräumt, euch für einander zu entscheiden.

Es gibt deinem Partner die Chance, die Verantwortung für sein Leben zu übernehmen. Wenn alles so schrecklich und dramatisch ist, warum

seid ihr dann zusammen? Das ist doch eine großartige Möglichkeit, auch wieder die Entscheidung zu treffen:

Ja, ich will mit dir an meiner Seite durchs Leben gehen.

Es ist wieder eine großartige Gelegenheit, sich mit den eigenen Werten, Wünschen und Vorstellungen auseinanderzusetzen. Denn, das wage ich pauschal zu sagen: Keine:r wählt freiwillig und voller Überzeugung das Drama. Wir wollen alle Liebe, Anerkennung und Wertschätzung. Dieser Perspektivwechsel öffnet euch ganz neue Türen.

„Dafür bin ich der falsche Mann“ hat natürlich genau den gleichen Effekt. Auch Markus hat diese Aussage getroffen. Und dafür bin ich ihm unfassbar dankbar. Diese Gespräche bringen zwar zunächst nicht so viel Freude, aber sie öffnen mir immer wieder die Augen und laden mich ein, mich mit meinen Werten, meinen Vorstellungen und meiner Realität auseinanderzusetzen.

EXKURS: Toxische Beziehungen und Narzissmus

Ich erlebe sehr häufig, dass Männer oder Frauen zu mir kommen, weil sie in einer toxischen Beziehung sind bzw. ihr:e Partner:in eine narzisstische Persönlichkeitsstruktur hat. Das ist genau der Punkt. Es kommen keine Narzissten oder toxische Menschen zu mir. Denn die haben ja kein Problem mit sich. Es sind die anderen, die ein Problem mit ihnen haben. Das Problem mit toxischen Menschen ist, dass sie

dich dazu bringen, zu glauben, dass deine Reaktion das Problem ist. Und nicht ihr Verhalten.

Bevor ich tiefer einsteige, will ich noch sagen, dass ich es sehr befremdlich finde, dass heute „schwierige" Menschen oder „schwierige" Beziehungen sehr schnell das Label „toxisch" oder „narzisstisch" bekommen. Hinter einem ausgeprägten Narzissmus steht eine gravierende Persönlichkeitsstörung, die oft so facettenreich ist, dass nicht unbedingt ein Merkmal ausreicht, um sie zu diagnostizieren.

Wann beginnt denn etwas, toxisch zu werden? Eine meiner Klientinnen, nennen wir sie Natascha, suchte mich auf, weil sie so schlecht entspannen konnte. Wie du dir vielleicht schon denken kannst, waren die To-do-Listen und die vielen Termine nur das oberflächliche Problem. Meine Aufgabe war es, mit Natascha die inneren Blockaden aufzuspüren und zu lösen.

Also stellte sich die Frage: Was hindert sie daran, sich zu entspannen?

„Ich habe so oft ein schlechtes Gewissen. Wenn ich mich ausruhe und Zeit mit mir verbringe, denke ich, ich müsste mich bei meiner Freundin melden. Aber ehrlich gesagt, habe ich dazu gar keine Lust mehr. Es fühlt sich überhaupt nicht mehr gut an."

Es ist ein sehr guter Indikator, wie sich etwas anfühlt. Gerade wenn sich etwas schwer oder schwierig anfühlt, wenn man von Schwere eingenommen wird, lohnt es sich, einen Blick darauf zu werfen.

Also bat ich Natascha, mir von ihrer Freundin zu erzählen.

Sie berichtete, dass sich seit vielen Jahren sehr viel um ihre Freundin drehe, der es mental und körperlich nicht gut gehe. Es hat sich eingeschlichen, dass sie sich nur noch trafen, wenn es ihrer Freundin passte. Was natürlich keine Frage war, schließlich war diese ja in einer sehr schwierigen Lage. Die Versorgung der Kinder lag ganz bei ihr, sie hatte keine berufliche Perspektive und irgendwie war sie oft in einer Opferrolle. All das hat Natascha dazu veranlasst, sich zurückzunehmen. Sie hat sich angepasst und versucht, es ihrer Freundin recht zu machen. Viele Dinge, etwa die dauernde Unpünktlichkeit, ungefragtes Feedback und unerbetene Kommentare (in sämtlichen Lebensbereichen) hat Natascha einfach so hingenommen. Sie fand es zwar nicht gut und es fühlte sich auch nicht richtig an, aber sie hat es nicht angesprochen.

Natascha hat sich immer mehr zurückgezogen. Das hat natürlich auch ihre Freundin gemerkt. Doch statt zu fragen, was los sei, hat sie versucht, Natascha über ihre Kinder an sich zu binden. „Die Kinder würden sich so freuen, Zeit mit dir zu verbringen." Natascha, die selbst kinderlos ist, hat dies sehr gerne getan. Doch das war ein Strudel. Aus dem Eis essen wurde ein Übernachten, aus einer Übernachtung wurden mehrere Übernachtungen, aus mit einem Kind ins Schwimmbad fahren wurde mit allen Kindern ins Schwimmbad und anschließend zu McDonalds fahren. (Meine Oma hätte das kommentiert mit: „Da reichst du den kleinen Finger und sie nehmen den ganzen Arm.")

Wenn Natascha sagte, dass sie dafür keine Zeit habe (dass sie keine Lust hat, hätte sie sich nicht getraut zu sagen), oder andere Dinge ansprach, wurde ihr ein schlechtes Gewissen suggeriert. Dass sie sich ja schließlich schon so lange kennen würden, dass Natascha ihr nicht

mal diese kleinen Verspätungen zugestehen und sich ja nur auf sich und ihre Karriere konzentrieren würde; dass Natascha ja so dominant sei und wenn es nicht so laufen würde, wie Natascha das wollte, wäre es ja eh nicht richtig.

Und so begann Natascha, an sich zu zweifeln. Vielleicht war sie ja wirklich dominant. Vielleicht war sie ja wirklich egoistisch. Statt ihr Leben zu genießen, müsste sie doch ihrer Freundin helfen. Dafür sind doch Freunde da.

Nun ist es so, dass Natascha in ihrem Job sehr erfolgreich ist. Sie liebt, was sie tut, und sie geht völlig darin auf. Also hat sie für sich einen Ausweg gefunden, indem sie einfach ganz viel gearbeitet hat. Das war die einzige Lösung, die Natascha gefunden hat.

„Sorry, ich habe keine Zeit, ich muss noch arbeiten."

„Ach, ich würde ja gerne die Kinder nehmen, aber ich habe noch Termine."

Ist logisch, dass es dieser Frau schwer fällt, sich zu entspannen, oder?

Ich habe Natascha gefragt, was es denn bräuchte, um mit ihrer Freundin ein offenes und ehrliches Wort zu sprechen.

Natascha wusste es nicht. Sie hatte totale Angst, diese Freundin zu verlieren. Weil sie eben schon so lange befreundet waren und soviel miteinander durchgemacht hatten.

Ich fragte dann: „Wie viel Ehrlichkeit verträgt eure Freundschaft?" Sie wusste keine Antwort darauf.

„Eigentlich haben wir uns geschworen, uns die Wahrheit zu sagen. Zum Beispiel: Wenn ich mal so werde wie XY, dann sag mir das. Aber ich glaube nicht, dass das gerade möglich ist."

Tja, es gab tatsächlich nur einen Weg, es rauszufinden. Entweder eierte Natascha weiter so rum und würde sich das Leben aufgrund eines völlig absurden schlechten Gewissens schwer machen oder sie musste etwas ändern.

Also hat sie sich entschieden, ihre Freundin darauf anzusprechen. Das war schon schwierig, weil Natascha gar nicht wusste, wie. „Sie fühlt sich von mir immer so überfahren. Ich bin sehr schlagfertig, mir fallen viele Sachen ein, sie ist da nicht so gut. Jedenfalls nicht, wenn es so völlig überraschend kommt. Ich will sie ja auch nicht so an die Wand reden."

Mein Vorschlag war, einen Kommunikationsweg zu suchen, der ihr geeigneter erscheint. Also schrieb Natascha ihr einen Brief. Wir haben diesen Brief gemeinsam durchgelesen, weil es Natascha wichtig war, keine Vorwürfen äußern und nicht den Finger zu erheben, sondern einfach auszudrücken, dass sie sich in manchen Momenten sehr unwohl fühlt und das so nicht mehr möchte.

Die Frage, wieviel Ehrlichkeit ihre Freundschaft verträgt, war in diesem Fall ein guter Ansatz. Denn die Wahrheit war: Es gab keine Ehrlichkeit. Es gab auch keinerlei Bereitschaft für ein klärendes Wort. Was Natascha zurückbekam, war schmerzhaft und deutlich. Ihre Freundin hat keinerlei Verantwortung für die Situation übernommen. Es gab keine Spur von Einsicht. Sie hat den Ball direkt

zu Natascha zurückgespielt und so derbe auf sie eingeschimpft, dass Natascha völlig perplex war.

„Warum habe ich überhaupt etwas gesagt?“, fragte sie sich im ersten Moment. „Hätte ich einfach den Mund gehalten, dann wäre es …“ – an dieser Stelle stockte sie. Und ich fragte: „Was wäre dann?“

Natascha liefen die Tränen nur so die Wange runter. „Dann wäre alles beim Alten. Ich hätte mich verbogen, um es ihr recht zu machen. Ich könnte mein Leben nicht genießen, weil ich ständig ein schlechtes Gewissen hätte. Ich würde mich zu Hause unwohl fühlen, weil sie einfach ohne Voranmeldung mit den Kindern auf der Matte stehen könnte, ich könnte mich nicht auf die Verabredungen freuen, weil sie mich ständig kritisiert. Und ich würde das alles nur runterschlucken. Wann ist diese Freundschaft denn zu so einer toxischen Beziehung geworden?“ Diese Frage konnte ich leider nicht beantworten.

Toxische und narzisstische Menschen sind nicht grundlegend böse. Sie sind keine Monster, die uns mit ihren bösen Blicken Angst machen.

Toxische Menschen sind oft höchst unsicher. Sie haben einen unfassbar geringen Selbstwert. Sie fühlen sich klein und minderwertig. Sie pushen ihr Ego, indem sie andere kleinreden oder runtermachen. Und sie brauchen die Opferrolle. Die gibt ihnen ganz viel.

Narzisst:innen haben kein Problem mit sich. Sie können alles, sie wissen alles und sie machen nie einen Fehler. Wenn sie doch mal

Gefahr laufen, dass ihr Makel entdeckt wird, wird ganz schnell abgelenkt und wieder über andere gesprochen.

Es ist völlig sinnlos, mit so einem Menschen zu sprechen. Also wirklich ein offenes und ehrliches Gespräch zu führen. Lass die Finger davon. Ehrlich. Du hast einfach keine Chance. Die Einsicht ist einfach nicht da. Die Bereitschaft einzusehen, dass zu allem immer zwei gehören, fehlt. Und ja, ich weiß, dass ich gerade pauschalisiere.

Beziehungen mit Narzisst:innen sind hoch toxisch. Es gibt in den seltensten Fällen eine Feedbackkultur. Narzisst:innen verwechseln ein „nichts sagen" ihres Gegenübers mit Zustimmung. Aber nur, weil ich nichts sage, heißt das nicht automatisch, dass ich mit allem einverstanden bin. Und es färbt auch irgendwann auf den Partner, die Partnerin, die Kinder und das gesamte Umfeld ab, dass nur noch um die Befindlichkeiten dieses Menschen getanzt wird. Nicht selten sagen sogar Partner:innen dann Dinge wie: „Aber sie hat doch nur …" oder „Ja, da bist du ja auch selbst schuld, jeder weiß doch, wie er ist". Für mich sind solche Sätze ein deutliches Signal, nichts mehr zu sagen. Es macht auch keinen Sinn, mit einem Narzissten über seine Realität zu sprechen. Denn er fühlt sich über jeden Zweifel erhaben.

Auch bei Versprechungen, sich zu ändern bin ich sehr skeptisch. Denn wieso sollte sich ein Narzisst verändern? Er hat doch kein Problem mit sich.

Wie schon gesagt, das Label Narzissmus wird mir häufig etwas zu schnell gewählt. Ein Narzisst ist ein Mensch mit einer Persönlichkeitsstörung. Also einem Krankheitsbild. Ich bin da sehr vorsichtig, was es angeht, diese Diagnose (denn ja, das ist es) zu stellen.

Was ich aber sehr häufig beobachte, sind Menschen mit narzisstischen Zügen oder narzisstischem Verhalten. Und deren Beziehungen sind oft alles andere als glücklich, wertschätzend und liebevoll. Es sind Menschen, die Anteile von Narzissmus in sich tragen. Was Beziehungen leider noch schwieriger macht. Denn diese Menschen wissen sehr wohl, dass sie diese Anteile haben. Sie mögen das auch nicht. Doch sie verhalten sich trotzdem so. Sie werden verbal ausfallend, vielleicht rutscht ihnen auch mal die Hand aus.

Wenn ihnen so etwas passiert ist, sind sie am Boden zerstört. Sie versprechen dir den Himmel auf Erden, wollen dich auf Händen tragen und beteuern, dass das nie wieder passiert.

Aus meiner Erfahrung hilft da wirklich nur eine radikale Veränderung. Dieser Mensch darf lernen, sich selbst um sein Wohlergehen zu kümmern. Dieser Mensch darf die Verantwortung für sein Glück übernehmen. Das kannst du nicht. Es ist weder deine Aufgabe, noch liegt es in deiner Macht. Unser Leben ist immer wieder die Konsequenz aus unseren Handlungen. Wir erschaffen uns unsere Realität. Jeder seine.

Übernimm nicht die Verantwortung, für das Wohlbefinden dieser Menschen – so schmerzhaft es auch ist. Für Natascha ist eine Welt zusammengebrochen. Sie hat es innerlich gewusst. Es hat sich schon alles so schwer angefühlt. Die Art und Weise, wie ihre Freundin reagiert hat, hat Natascha noch einmal deutlich gezeigt, dass ein Kompromiss nicht möglich ist. Diese Reaktion war schlussendlich der Tropfen, der Nataschas Fass zum Überlaufen gebracht hat.

Wenn es der Partner ist, über den wir sprechen, oder die Eltern oder Geschwister, kann ich verstehen, dass jemand an einer toxischen Beziehung festhält. Doch gesund ist das nicht.

Es gibt viele Möglichkeiten, dich unterstützen zu lassen, nicht zuletzt wurden zahlreiche Bücher über toxische Beziehungen und Narzissten geschrieben. Im Literaturverzeichnis findest du meine Empfehlungen und auch Kontaktinfos zu passenden Anlaufstellen.

Trau dich. Ich möchte dir mit diesem Exkurs klarmachen, dass es in toxischen Beziehungen nichts gibt, was du tun kannst. Deine Lebenszeit ist begrenzt. Überlege weise, mit wem und wie du sie verbringen möchtest.

Ich steh auf glücklich sein

Welche Entscheidungen für ein dauerhaftes Glück den Unterschied machen

„Manchmal wünschte ich, die Welt würde sein wahres Gesicht sehen und merken, dass wir nur so tun, als wären wir glücklich." Wow, denke ich, was für ein Einstieg ins Coaching. Inka war gerade in unseren Zoom-Raum gekommen und meine Frage nach ihrem allgemeinen Befinden überging sie einfach. „Es kotzt mich so an. *Er* kotzt mich so an. Nach außen tut er so, als wäre er der tolle Ehemann und Vater. Doch hinter den Kulissen sieht es ganz anders aus. Manchmal spiele ich mit dem Gedanken, unsere Beziehung zu beenden und hier auszusteigen.

„Okay, du machst mich sehr neugierig", antwortete ich. „Erzähl mal, wie du das meinst."

Inka holte tief Luft. Und dann fing sie an zu erzählen.

Kümmere dich um deine Hausaufgaben – nicht um seine

Inka und ihr Mann waren nach außen das perfekte Paar. Sie legten beide sehr viel Wert auf ihr Äußeres, trugen schicke Klamotten und trendige Frisuren. Sie hatten zwei Söhne, einen Hund und eine Katze. Ein elegantes und modernes Haus in der Wohnsiedlung, zwei Autos. Also eine richtige Bilderbuchfamilie.

„Wenn jemand da ist oder wir woanders sind, dann ist er aufmerksam, liebevoll, charmant und richtig toll. In den Mann habe ich mich verliebt."

„Magst du mir sagen, wie er ist, wenn niemand hinsieht?"

Inka blickte zu Boden. Selbst über die große Entfernung bis nach Süddeutschland konnte ich ihr Unbehagen spüren.

„Das habe ich mich noch nie getraut zu sagen."

Ich wartete ab. Manche Dinge brauchen Zeit und Ruhe. In die Stille hinein sagte Inka leise: „Er ist nicht leicht. Er braust sehr schnell auf und wird dann so jähzornig. Er kann mit seiner Wut nicht umgehen oder sie zügeln. Es ist jetzt nicht so, dass er mich oder die Kinder schlägt. Doch die unausgesprochene Drohung liegt in der Luft. Und ehrlich gesagt, weiß ich in bestimmten Situationen nicht, wie ernst es ihm damit ist. Lange Zeit habe ich mich einfach gefügt und habe ihn toben lassen. Doch das tue ich nicht mehr. Inzwischen gebe ich ihm kontra. Das macht die Situationen noch explosiver.

Es entstand eine kurze Pause, in der Inka die Bedeutung ihrer eigenen Worte kurz begreifen musste.

„Er stichelt gegen die Jungs und gegen mich. Als wäre er selbst erst 15 und müsste sich noch beweisen. Aus dem Nichts provoziert er Streit, nur weil er unzufrieden ist. Und gerade der Große, der geht da sofort drauf ein. Die beiden liefern sich dann richtige verbale Kämpfe. Erst provoziert er auf dem Niveau der Jungs und wenn es ihm zu bunt wird oder er merkt, dass er nicht dagegen ankommt, dann holt er die große Keule raus. Dann schreit er, wirft ihm Respektlosigkeit und Ungehorsam vor und tut so, als würde er ihn mit 18 rausschmeißen. Ständig habe ich das Gefühl, meine Kinder beschützen zu müssen. Und gleichzeitig würde ich meinem Mann so gerne helfen..“

„In wieweit meinst du, deinem Mann helfen zu müssen?“, fragte ich etwas irritiert.

„Na ja, er ist ja kein schlechter Mensch. Er ist ein sehr unzufriedener Mensch, der in einem Beruf gefangen ist, der ihn nicht erfüllt, der eine scheiß Kindheit hatte und der seine Trigger überhaupt noch nicht erkannt, geschweige denn geheilt hat.“

„Ach, und du bist in der Position, dass du ihm da raushilfst?“

„Nein, ich weiß, dass er das selber machen muss. Mir geht diese Fassade so auf den Keks und das, was sich hier abspielt, ist hochgradig ungesund. Ich muss ihm doch da einen Weg raus zeigen.“

„Ein recht naheliegender Gedanke“, meinte ich. „Allerdings ist er nicht zielführend.“

„Wie?“

„Gibt es etwas, was dein Mann an dir so gar nicht mag? Etwas, was er dir immer wieder sagt, dass du es ändern musst?“

„Ähm, ja. Er macht unsere private und auch meine Business-Buchhaltung. Und er kann es überhaupt nicht leiden, wenn ich vom Geschäftskonto private Sachen bezahle und er es umbuchen muss. Das regt ihn total auf. “

„Machst du es anders, nur weil er dieses Verhalten doof findet?“

Wieder Stille.

„Nein, es juckt mich nicht. Ehrlich gesagt denke ich eher: Ist doch nur eine Umbuchung, stell dich nicht so an.“

„Bingo! Wieso sollte dein Mann etwas ändern, nur weil es dich nervt und du es ihm sagst? Ich frage mich eher, wieso du es zulässt, dass er dich und auch die Jungs so behandelt. Welcher Anteil von dir denkt denn, dass du das verdient hast?“

„Ja, gar keiner“, antwortete Inka entrüstet. „ Das habe ich nicht verdient und das ist das Allerletzte. Das sage ich ihm ja auch immer wieder, doch er hört nicht auf. Es ist ja auch nicht so einfach. Schließlich liebe ich ihn ja schon. Und wenn er gut drauf ist, dann ist er ein toller Mann und ein großartiger Vater. Es ist nicht immer so scheiße.“

„Das sind Erklärungen, die ich von Frauen in der Notaufnahme gehört habe, wenn ihr Mann sie verprügelt hat und sie zum Verarzten kamen.“

„Aber er schlägt mich ja nicht. Er droht das nur an.“

„Kannst du bitte den letzten Satz wiederholen? Hörst du eigentlich, was du da gerade sagst?“

„Ähmmmm …“

Ich spule jetzt unser Gespräch ein bisschen vor. Denn es hat tatsächlich noch ein paar Momente gedauert, bis bei Inka der Groschen fiel, wie man so schön sagt. Immer wieder habe ich sie daran erinnert: „Weißt du, kein Mensch kann einen anderen Menschen verändern. Jedenfalls nicht so. Das funktioniert so nicht."

Unser Leben ist ein Resultat aus unseren Handlungen und Unterlassungen.

Denn das war in diesem Fall genau der Punkt. Das Unterlassen. Inka hat ihrem Mann immer wieder gesagt, was er ändern soll, wo er Hilfe findet etc. Aber es hatte für ihn keine Konsequenz. Sie war so darauf aus, dass er erkennt, dass er sich verändern muss, dass sie gar nicht gemerkt hat, dass sie ihm gar keine Grenzen mehr gesagt hat.

Ich möchte hier niemanden verurteilen oder bewerten. Ich kann ja immer nur meine Meinung wiedergeben und aus meinen Erfahrungen sprechen. Für mich wäre so ein Verhalten nicht mit meinen Werten vereinbar. Und soll ich dir etwas verraten? Das ist es für die wenigsten. Doch wie war das passiert?

Inka ist eine selbstständige und auch sehr erfolgreiche Frau. Sie wäre finanziell durchaus in der Lage, sich von ihrem Mann zu trennen (das sind übrigens die meisten Frauen, was leider vielen nicht bewusst ist).

Die beiden waren schon seit vielen Jahren ein Paar. Am Anfang waren sie auch wirklich glücklich. Dann kamen die Kinder, beide gewollt und geliebt. Solange Inka in ihrer Festanstellung arbeitete, war auch

alles okay. Laut ihrer Aussage haben sie sich beide im Unglücklich sein gut ergänzt.

Doch dann konnte Inka sich mit ihrer Festanstellung nicht mehr identifizieren. Sie merkte, dass sie das nicht sonderlich glücklich gemacht hat. Sie war schon nebenberuflich selbstständig und wollte das ausbauen.

Sie fing an, sich mit Wünschen, Möglichkeiten und Herausforderungen zu beschäftigen. Sie las Bücher und erweiterte ständig ihren Horizont. Ihre Wünsche wurden größer, die Verwirklichung immer ernster und gleichzeitig verließ sie die sichere Anstellung. Das war für ihren Mann ein rotes Tuch. Es folgten immer öfter Auseinandersetzungen darüber, wie sie sich das denn vorstelle, was sie denn meinte für ein schönes Leben führen zu können.

Und sie fühlte sich wirklich mies. Denn sie führte ein wunderschönes Leben. Sie genoss ihren Alltag. Schlimmer noch, sie liebte, was sie tat, es erfüllte sie vollkommen und sie verdiente damit viel Geld.

Und je erfüllter sie wurde, umso unglücklicher wurde er. Und sie hatte so ein schlechtes Gewissen. Sie wusste, dass es sein Job war, der ihn runterzog, dass es seine Glaubenssätze waren, die ihn so klein hielten. Sie sah, dass er eigentlich nur beide Hände aufmachen musste, um seine Wünsche zu leben.

Stattdessen ging er wie immer jeden Tag motzend zur Arbeit, kam übellaunig wieder, ließ seinen Frust an seinen Liebsten aus. Während er sich so abmühte, konnte sie sich, wie er es nannte, ein so schönes Leben machen. Ihr schlechtes Gewissen wurde so groß, dass sie es nicht über sich brachte, das zu tun, was wirklich notwendig war.

Einmal fragte ich sie: „Was wäre der erste Schritt, den du heute tun könntest, um etwas wirklich zu ändern? Und nicht an deinem Mann rumkritisierst?“

Inka überlegte einen Moment. Dann kam ihr der Gedanke: „Ich würde ihm so gerne klar machen, dass ich für dieses Drama nicht mehr zur Verfügung stehe. Ebenso meine Jungs. Wenn er gefrustet und genervt ist, soll er das an jemanden andern auslassen. Aber nicht an uns. Hier ist ein Ort der Harmonie, der Wertschätzung und des Friedens. Wir haben es nicht verdient, dass er so mit uns umgeht. Keiner hat das verdient.“

„Wie kannst du dieses Drama beenden?“

„Ich muss mich wahrscheinlich von ihm trennen“ sagte Inka sehr traurig und leise. „Aber ich glaube, ich muss es für meine Jungs und mich tun.“

„Hm, was für Möglichkeiten gäbe es noch?“

„Wie meinst du das?“

„Naja, ich höre, dass du deinen Mann liebst. Ich höre, dass du gerne mit ihm zusammen leben möchtest. Es ist ja nicht alles schlecht an ihm. Dennoch ist es enorm wichtig, ihm Grenzen zu setzen. Denn das, was bei euch los ist, ist toxisch und absolut grenzwertig.“

Kurze Erinnerung: Unser Leben ist ein Resultat aus unseren Handlungen bzw. Unterlassungen.

„Ich müsste mal Tacheles reden. Also ganz klar sagen, wenn er sich hier so benimmt, fliegt er raus. Klar, die Jungs können ihn auch echt

provozieren, aber er ist schließlich der Erwachsene. Er muss sich im Griff haben und kann hier nicht allen Launen nachgehen. Wo ist die Grenze? Was lasse ich zu? Und warum tue ich mich so schwer, ihn sein zu lassen, damit er seinen Weg gehen kann?“

„Ich vermute, dass du Angst hast. Du hast Angst, ihn zu verlieren. Dass er aus seinen Sumpf nicht rauskommt und ihr euren Weg, trotz eurer Liebe, nicht weitergehen könnt.“

„Ja, das stimmt, ich habe totale Angst. Weil ich ihn liebe. Weil ich sehe, dass er es so drauf hat und nichts daraus macht. Ich würde gerne seine Angelegenheiten regeln. Wenn er mich doch einfach mal lassen würde und etwas von dem annimmt, was ich ihm rate, dann wäre es so einfach“, sinnierte Inka. „Doch ich weiß natürlich, dass das so nicht funktioniert“, fügte sie schnell hinzu.

Wow, das war ein absoluter Durchbruch. Inka fing endlich an, Farbe zu bekennen und bei sich und ihren Werten zu bleiben. Ihrer Aufgabe als Mutter gerecht zu werden, ihre Kinder zu beschützen. Ihr wurde auch klar, dass dieses Drama, das ihr Mann veranstaltete, sie so triggerte. Sie ist zwar nicht ausgerastet wie ihr Mann, aber sie hat sich selbst klein gehalten. Wer ist sie denn, dass sie so erfolgreich ist? Schließlich ist sie ja noch gar nicht wer. Oder hat irgendwelche Preise gewonnen. Oder …

Wer ist sie denn, dass sie so ein schönes Leben führen darf?

Ihr Mann hat sie ja immer wieder daran erinnert, dass es so nicht geht. Er hat ihr immer wieder seine Begrenzungen auferlegt. Seine spitzen Bemerkungen, seine Unzufriedenheit haben dazu geführt, dass sie sich

gar nicht mehr getraut hat, ihm von ihren Erfolgen zu erzählen. Oder davon, dass sie sich so pudelwohl fühlt.

Die Frage, die also im Raum stand, war: Welche Möglichkeiten habe ich?

Und es gab tatsächlich mehrere, die nichts mit einer Trennung zu tun hatten. Als erstes überlegten wir gemeinsam, wann das Drama am schlimmsten war.

„Wenn er z.B. nach Hause kommt und wir sitzen gemeinsam hier rum und haben Spaß. Da sehe ich direkt an seinem Blick, dass ihm das nicht passt, dass es gleich knallt."

„Hm, beschreibe mal die Situation."

„Er kommt rein und fängt an rumzutigern. Dann fängt er an, über Kleinigkeiten zu meckern. Dass die Küche nicht ordentlich ist und sowas. Als wenn mir jemand sagen müsste, wie meine Küche auszusehen hat … das ist nur ein Grund, um seine schlechte Laune an uns abzulassen."

„Ich vermute, du versuchst, ihm das immer wieder zu erklären, oder? Das er Unrecht hat, und so?"

„Ja, aber es ist völlig vergebliche Liebesmüh."

„Okay, gehen wir neue Wege. Wenn dein Mann wieder so nach Hause kommt und rummeckert, mach ihm doch mal folgenden Vorschlag: Ach herrje, du musst ja einen sehr schlechten Tag gehabt haben, dass dich der Zustand der Küche so ärgert. Geh doch mal ne Runde duschen."

Inka schaute mich völlig verständnislos an: „Duschen?"

„Genau. Von mir aus auch joggen oder reiten oder Tennis spielen, aber zur Not halt auch einfach nur duschen."

„Und wenn er gar nicht duschen will?"

„Natürlich will er nicht duschen, er will ja streiten. Aber versuche das doch mal mit jemanden, der nicht streiten möchte."

„Wie soll das gehen? Das funktioniert doch nicht."

„Doch.

Denn wer dich ärgert, bestimmst du."

Dieser Satz ist übrigens eine gute Richtlinie für jede Beziehung. Du hast es in der Hand, wer dich ärgert oder nicht. Du bist kein Spielball von jemandem, der deine Laune oder dein Befinden beeinflussen will.

Ich schlug Inka vor, zu versuchen, für dieses Drama nicht mehr zur Verfügung zu stehen. Das geht dann, wenn sie wirklich sämtlichen Ärger an sich abprallen lassen würde. Es nützt nichts, ihrem Mann das zu erklären. Es geht nur darum, das Muster zu durchbrechen.

Wir können einen anderen Menschen nicht verändern, so viel Weisheit wir auch haben mögen. Doch wenn wir unser Verhalten ändern, hat das eine Konsequenz.

„Das mag ja alles stimmen, aber er wird doch trotzdem versuchen, mit mir zu streiten", wandte Inka ein, leicht am Rande der Verzweiflung.

„Klar wird er das. Er wird das auch nicht lustig finden, dass du aus diesem Drama aussteigst. Aber das ist ja einfach sein Problem. Nur weil wir mit jemandem zusammenleben, heißt das doch nicht, dass unser Partner mit uns machen kann, was er will. Biete ihm andere Möglichkeiten, seinen Druck abzulassen. Du bist nicht sein emotionaler Boxsack. Er ist ein erwachsener Mann, das schafft der. Und ehrlich – probiert das mit dem Duschen aus. Das wirkt Wunder."

„Was mache ich, wenn er sich dann mit den Jungs streitet?"

„Dann, meine Liebe, kommst du bitte deiner Fürsorgepflicht nach. Auch wenn sich Kinder manchmal fetzen und streiten, heißt das nicht, dass die Kinder auch hier die Druckventile sind. Und auch da darf sich dein Mann verhalten wie der Erwachsene und nicht wie das größte Pubertier. Verbale Gewalt ist genauso ein No-Go wie körperliche Gewalt und deine Kinder müssen an dieser Stelle beschützt werden. Da gibt es kein Wenn und Aber."

Inka nickte. „Ja, ich weiß. Da habe ich viel zu lange den Mund gehalten. Ich habe ja nicht weggeschaut und die Kinder nicht beschützt. Nur, es hatte bis jetzt für ihn halt keine Konsequenzen. Das ist ein immer wiederkommendes Muster. Dieses Theater, das führen wir hier in Dauerschleife auf."

„Ja, dieses Theater hat ja seinen Ursprung in etwas ganz anderem. Und wenn dein Mann nicht bereit ist hinzuschauen und es aufzulösen, dann wird es sich immer und immer wiederholen."

„Ja“, nickte Inka, „genau das denke ich auch so oft: Mensch, schau doch mal genau hin und kläre das für dich, sonst holt dich das immer wieder ein. So ging es mir mit bestimmten Themen ja auch. Ich habe mir deshalb Hilfe geholt. Jemanden mit dem Blick von außen. Das macht es für mich so viel leichter. Das sollte mein Mann auch tun.“

Kannst du dir vorstellen, wie meine Antwort lautete?

Dieses Phänomen erlebe ich manchmal in den Coachingprozessen meiner Kundinnen. Sie bekommen einen anderen Blick und ein anderes Bewusstsein. Sie erleben, wie gut es ist, die inneren Wunden heilen zu lassen. Damit sich eingefahrene Muster verändern. Sie integrieren eine neue Leichtigkeit in ihrem Leben genauso wie eine bessere Lebensqualität. Ihren Partner sehen sie mit einem anderen Blick, einem durchaus schönen und wohlwollenden Blick.

Ist es da verwunderlich, dass sie sich diesen Prozess für ihren Partner nicht auch wünschen?

Dass sie sehen, wie hinderlich ihm seine eigenen Grenzen und seine Schwere sind? Dass ihn immer wieder Glaubenssätze behindern? Verhindern?

In der Liebe gibt es so viele Gesetze, so viele Grundregeln. Wie? Du hast noch nicht davon gehört? Ach, das wundert mich nicht. Wir befolgen diese Gesetze ziemlich automatisch. Wir handeln danach, weil wir es genau so gelernt haben. Jedenfalls hoffe ich das gerade sehr.

Es gibt genug tolle Küchenschilder, auf denen diese Regeln in unterschiedlichsten Varianten draufstehen.

Wir haben Respekt.

Wir hören zu.

Wir sind füreinander da.

Wir helfen uns gegenseitig.

Und noch viele mehr. Ich möchte aber mit dir über die letzte Regel sprechen.

Wir helfen uns gegenseitig. Was verbindest du damit? Wie denkst du, sieht diese Hilfe aus? Was bedeutet überhaupt, sich gegenseitig zu helfen?

Es gab für mich schon viele Situationen in meinem Leben, an denen ich das Gefühl hatte, Hilfe zu brauchen. Vielleicht kennst du solche

Punkte auch und dir geht es da wie mir: Mir fiel es nicht sonderlich leicht, um Hilfe zu bitten und Hilfe anzunehmen. Doch irgendwann war mein Schmerz so groß, dass ich gemerkt habe, dass ich alleine nicht weiterkomme. Es war so viel Schwere, so viel Anstrengung und wiederkehrendes Theater in meinem und unserem Leben und ich habe den Ausgang nicht gefunden.

Das war die Geburtsstunde meines ersten Coachings. Ich holte mir eine Coach an meine Seite, der ich vertraute und der ich alles, was mich bewegte, anvertrauen konnte. Einen unabhängigen Blick von außen. In ziemlich kurzer Zeit veränderte ich meine Gewohnheiten. Ich veränderte meinen Blickwinkel und stand für gewisse Dramen schlicht nicht mehr zur Verfügung. Das war übrigens die Zeit, in der Markus auch ziemlich oft duschen gegangen ist. Es war für ihn nicht leicht, weil ich einfach nicht mehr so mitgespielt habe. Es funktionierte nicht mehr, seinen Frust oder Stress abzulassen, indem er sich über die nicht sortierten Daten auf der Festplatte aufregte (die haben bei ihm viel höhere Priorität als Socken).

Ich habe angefangen, meinen Blick nach innen zu lenken und mich zu fragen: Was hat das jetzt mit mir zu tun? Wo sitzen meine Trigger? Was steckt dahinter? Wie kann ich sie heilen? Denn das ist etwas, was wir oft völlig unterschätzen. Mit dem entsprechenden Wissen sind wir in der Lage, uns in gewissen Situationen selbst zu heilen. Dann müssen wir nicht mehr wie kleine Rumpelstilzchen miteinander streiten.

Die eigenen Themen und Verletzungen angehen, das kann nur jede:r für sich selbst tun. Das ist leider eine Wahrheit, die wirklich in Stein gemeißelt ist. Das zu erkennen, ist ein großer und wichtiger Schritt. Für diesen Schritt brauchte ich allerdings auch immer wieder einen

guten Reminder im Außen. Denn mir ging es nicht anders als vielen meiner Kundinnen.

Die Menschen, die wir lieben, möchten übrigens, dass es uns gut geht. Und das ist genau die Krux. Unser Liebster, unsere Liebste kann uns nicht helfen, wenn wir uns unseren Verletzungen und inneren Themen zuwenden. Die andere Krux ist, dass wir unsere eigenen Prozesse nicht unserem Partner überstülpen können. Ein nicht zu unterschätzendes Dilemma.

Mein Coach hat einmal einen Satz gesagt, für den ich noch heute so dankbar bin. Es war wieder einmal dicke Luft im Hause Lutum. Und wie das halt so ist, haben Markus und ich an gegenseitigen Vorwürfen nicht gespart. Ich nahm dieses Thema mit in mein Coaching. Dabei war es nicht so, dass Markus etwas Schlimmes gesagt hat oder gar böse geworden ist. Nein, es waren seine Traurigkeit und Verzweiflung, die für mich kaum auszuhalten waren.

Ich erzählte meinem Coach von unserem Streit und Markus' Resignation. Dass ich ihm helfen wolle und mir auch und dass ich doch irgendwie etwas tun muss, damit es ihm besser geht.

„Ach, Ellen, das ist lieb von dir, dass du für Markus' Hausaufgaben machen möchtest – aber das lässt du ihn mal schön selber machen."

Ich war verwirrt. Wie, Hausaufgaben? Wir sind doch nicht in der Schule ... „Schau mal, dass es Markus gut geht, das ist nicht deine Aufgabe. Dass du dafür sorgst, dass er glücklich ist, ist nicht deine Aufgabe. Es ist seine. Dafür darf er selber sorgen." Wenn du mich schon länger kennst, wirst du diesen Satz kennen. Alle anderen mögen ihn bitte auf Post-Its schreiben und überall in der Wohnung verteilen.

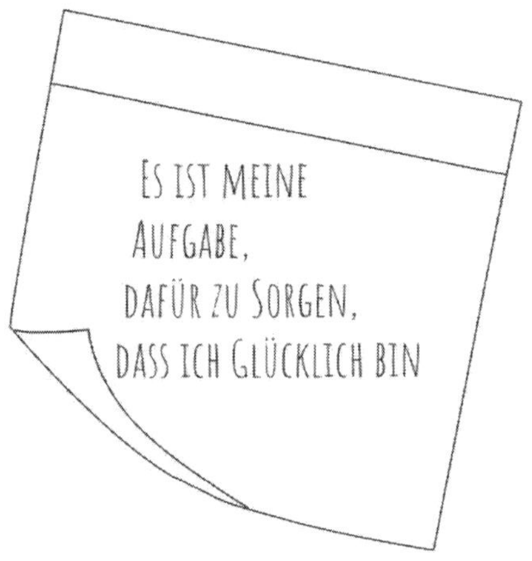

Jeder von uns ist für das eigene Glück verantwortlich. (Ich sage jetzt nicht, dass dieser Satz leicht umzusetzen ist.) Es fängt damit an, dass wir erst einmal erkennen müssen, was uns glücklich macht. Also nicht das, was auf uns projiziert und von uns erwartet wird, sondern das, was wir wirklich wollen.

Im Grunde genommen hatten Markus und ich, genau wie viele andere Paare auch, gar nicht so sehr unterschiedliche Vorstellungen vom Glück. Doch wir haben uns aufgrund vieler äußerer Umstände schwer getan, denen auch wirklich zu folgen.

Es ist wichtig, dass jede:r sich um die eigenen Vorstellungen kümmert. Dass wir uns nicht ständig anpassen oder klein machen, um Erwartungen zu entsprechen. Und was passiert, wenn eine:r in der Partnerschaft anfängt, sich auszudehnen und den Rahmen zu verlassen?

Es ist eine Chance. Nicht mehr und nicht weniger.

Beide entwickeln sich weiter – im eigenen Tempo

Wenn sich ein Partner in der Beziehung weiterentwickelt und der andere (gefühlt) stagniert, dann sind Spannungen und ein gewisses Ungleichgewicht vorprogrammiert.

Die bislang gemeinsamen Interessen, Ziele oder auch Lebensweisen unterscheiden sich immer mehr. Wenn wir da nicht entsprechend handeln und eingreifen, sagt man am Ende: „Wir haben uns auseinandergelebt." Die wenigsten Paare scheitern an ihrer Liebe. Die meisten leben sich einfach auseinander. Doch das muss nicht passieren.

Es geht darum, in einer guten Kommunikation zu bleiben. Sich zuzuhören, ohne die Aussagen des anderen direkt zu bewerten oder sich zu rechtfertigen.

Schafft euch einen wertfreien Raum, in dem alles sein darf.

Wir dürfen anerkennen, dass die Veränderung der Lebensweisen oder Einstellungen nichts ist, was gegen den jeweils anderen gerichtet ist. Wenn wir die neuen Einstellungen nicht länger als Gefahr betrachten und dementsprechend reagieren, können wir viele Konflikte und sogar eine Trennungen vermeiden.

Veränderungen können unser Nervensystem in absolute Alarmbereitschaft versetzen, weil sie als „Gefahr" erscheinen. Um das etwas besser zu verstehen, ist es wichtig zu wissen, wie unser autonomes Nervensystem (also das, was wir nicht willentlich steuern können) funktioniert.

Da ist einmal der Sympathikus, der den „Kampf-oder-Flucht-Modus" aktiviert. Er bereitet den Körper auf stressige oder herausfordernde Situationen vor. Der Sympathikus sorgt dann dafür, dass Atem- und Herzfrequenz erhöht werden und das Blut von den „weniger wichtigen" Organen zu den Muskeln gelenkt wird.

Der Parasympathikus hingegen ist zuständig für den „Ruhe-und-Verdauung-Modus". Er senkt die Herzfrequenz, fördert die Verdauung und hilft dem Körper, sich zu erholen.

Diese beiden Systeme arbeiten im Idealfall im Gleichgewicht, um den Körper je nach Anforderungen der Umgebung und der inneren Zustände zu regulieren. Dies zu verstehen und zu berücksichtigen, ist maßgeblich wichtig für die beschriebenen Veränderungsprozesse innerhalb der Partnerschaft.

Unser Alltag ist voller Momente, in denen der Sympathikus aktiviert wird. Unser Nervensystem ist den ganzen Tag im „Kampf-oder Flucht-Modus". Das ist eine dauerhafte Hochleistung. Unser Zuhause, unsere Partnerschaft, ist im Idealfall dann der sichere Anker und der Ort, an dem wir entspannen können.

Jetzt stell dir folgende Situation vor: Du entwickelst dich weiter, veränderst Gewohnheiten und Einstellungen. Das führt dazu, dass du auf einmal für deinen Partner eben nicht mehr der sichere Anker und verlässliche Entspannungsort bist. Weil DU anders läufst als bisher. Kein Wunder, wenn dann in einem ohnehin schon angespannten Nervensystem sämtliche Alarmglocken hochgehen.

Deshalb ist es so wichtig, einander gerade in so einer sehr fordernden Zeit immer wieder zu sagen: „Ich verstehe dich zwar gerade nicht, aber ich liebe dich." In solchen Zeiten ist es super wichtig – auch wenn ihr es vielleicht gar nicht wollt, weil ihr angenervt oder frustriert seid –, einander in den Arm zu nehmen und euch auf den kleinsten gemeinsamen Nenner zu berufen.

Versteh mich bitte richtig – weder Markus noch Inkas Mann haben gesagt: „Hör auf zu wachsen. Hör auf glücklich zu sein. Hör auf dich weiterzuentwickeln." Eigentlich waren die beiden totale Fans. Sie fanden das toll, spannend und auch super interessant. Bis zu dem Punkt, als ihre persönlichen Gedanken oder Glaubenssätze ihnen Grenzen zeigten. Wie ein Luftballon, der zwar aufgepustet, aber dann nicht verschlossen wird. Es war auf beiden Seiten so viel Frustration und Stress.

Nachdem Inka und ich unsere Coaching-Einheit beendet hatten, machte sie sich Stichpunkte für das Gespräch, das sie am Abend mit ihrem Mann führen wollte. Es sollte keine Vorwürfe enthalten, keine Beschuldigungen. Dafür jede Menge klare Worte und Grenzen, in Liebe ausgesprochen.

Sie hat ihm erklärt, dass sie nicht Nein zu ihm sagt, sondern einfach nur Ja zu sich selbst und zu ihren Träumen und Vorstellungen. Dass sie ihr Leben liebt. Und ihn auch. Dass es bei allem, was zwischen ihnen steht, nie um ihre Liebe zu ihm geht. Aber dass es nicht ihre Aufgabe ist, ihn glücklich zu machen. Und umgekehrt ist es auch nicht seine Aufgabe, sie unglücklich zu machen. Sie sagte ihrem Mann, dass sie sehe, wie schwer ihm das alles fällt: die Veränderung, die Freude und auch die gute Verbindung, die Inka zu ihren Kindern hat.

Er sackte immer mehr in sich zusammen und wurde immer trauriger. „Bin ich denn so ein schlechter Mensch?", fragte er verzweifelt. „Ist das jetzt das Ende mit uns?"

Die Sorge von Inkas Mann ist nachvollziehbar und ich glaube, auch oft die Ursache, dass so viele Beziehungen enden. Wir sind nicht mehr in der Lage zu differenzieren und sachlich miteinander zu sprechen.

Eine Scheißzeit bedeutet nicht ein Scheißleben. Eine schwierige Phase bedeutet nicht eine für immer schwierige Beziehung.

Jeder von uns kann sich doch mal verrennen. Sich zu verhalten wie ein Kotzbrocken ist zwar nicht nur verrennen, aber es ist doch nicht seine Persönlichkeit.

Alles, was wir erlernen, können wir auch wieder verlernen. Die Frage ist nur, ob wir dazu bereit sind. Sind wir in der Lage, eine Feinjustierung vorzunehmen? Uns an die Essenz zu erinnern?

Inkas Mann brauchte diese Erinnerung von seiner Frau – und zwar in aller Deutlichkeit. Sie musste ihm klar machen, was für ein Mensch er wirklich war und zu welchem Menschen er sich gerade entwickelt. Er hat das selbst nicht mehr gesehen. Das war eine anstrengende Zeit. Eine Zeit, in der eine Trennung im Raum stand. Jeder hätte es verstanden, wenn Inka einen Schlussstrich gezogen hätte. (Genauso wie jeder es versteht, dass sie zusammen bleiben. Schon wegen der Kinder etc. Wichtig war und ist hier, sich von dem freizumachen, was andere sagen.)

Markus und ich hatten krasse Zeiten und vielleicht kommen ja noch krassere. Wer weiß das schon. Eine Coachin hat mir einmal deutlich zu einer Trennung geraten. Sie hatte ihre Erfahrungen damit gemacht und die mir übergestülpt. Es hat zwar zum Ende unserer Zusammenarbeit geführt, aber es war das Beste, was sie tun konnte. Denn es hat mir klar und deutlich vor Augen geführt, dass ich mich überhaupt nicht trennen wollte. Ich wollte ja genau diesen Mann an meiner Seite. Den Mann, in den ich mich verliebt habe. Der ein wundervoller Vater ist. Der nur, genauso wie wir alle, einfach mal ne schlechte Zeit hatte. Vielleicht hatte ich auch die schlechte Zeit. Aber das heißt eben nicht, dass *alles* schlecht ist.

Markus hat mich sehr häufig daran erinnert. Er hat manchmal mehr an uns geglaubt als ich.

Das ist nicht leicht, aber es ist machbar. Das einzige, was es von dir braucht, ist: dich entscheiden – nicht mehr und nicht weniger.

Klar, wenn einer nicht bereit ist für eine Veränderung, sich am Alten festhält und Drama und Negativität vorzieht, sind die Handlungsmöglichkeiten begrenzt. Inka hat mit daran festgehalten, weil sie Angst hatte, ihren Mann zu verlieren, wenn sie ihm dieses Drama nimmt. Doch damit hat sie ihm auch die Chance genommen, sich um seine eigenen Themen zu kümmern. Erst als ihm die Projektionsfläche genommen wurde und es für ihn keine Möglichkeit des Dramas mehr gab, hat er den Blick nach innen gerichtet. Er hat seine Einschränkungen und Glaubenssätze bearbeitet. Das hat Markus auch getan. Es war eine Challenge, weil ich unsere Welt so ins Wanken gebracht habe. Dadurch, dass ich mich weiterentwickelt und verändert habe, funktionierten einfach bestimmte Verhaltensweisen nicht mehr. (Falls es dich interessiert: In der 100. Folge meines Podcasts „Sei die Liebe deines Lebens" ist Markus mein Interviewgast und erzählt seine Sicht zu diesen Thema.)

Inka hatte immer wieder Angst, ihre Weiterentwicklung zuzulassen. Sie hatte Angst, ihren Mann zu verlieren. Denn die Liebe war und ist so groß und verrückt, dass wir ganz schön bekloppte Sachen dafür machen. Dass wir uns zum Affen machen, um das Herz des oder der Angebeteten zu erobern, ist ja nichts Neues. Doch wir halten uns auch gerne zurück und machen uns klein, um es nicht zu verlieren.

Inka ist nicht in ihre Größe gegangen – aus Angst. Ihr Mann hat sich verhalten wie ein Vollidiot – aus Angst. Statt sich und ihren Werten treu zu bleiben, haben sie ihr Leben von der Angst bestimmen lassen.

Die Werte waren es nämlich, die die Veränderung gebracht haben. Inka hat sich daran erinnert, dass das Verhalten ihres Mannes mit ihren und auch mit den gemeinsamen Werten nicht kompatibel ist. Sie

haben beide die Chance ergriffen und sich gemeinsam an ihren Werten orientiert. Persönlichkeitsentwicklung, wovor so viele Menschen Angst haben, führt nicht dazu, dass wir zu einem anderen Menschen werden. Ich glaube, dass wir eher zu unserer wahren Natur zurückfinden und uns trauen, diese zu leben.

So haben sie beide angefangen, sich erst einmal mit sich selbst zu beschäftigen. Inka hat sich um ihr Business gekümmert. Sie hat ihre Komfortzone verlassen. Sie hat das gemacht, was sie glücklich macht. Inkas Mann hat sich ebenso um sich gekümmert. Er hat wieder mehr Sport gemacht und seinen Lebensstil radikal verändert.

„Meine Schwester hat total Angst um uns", erzählte mir Inka. „Sie meinte, von außen betrachtet sehe es aus, als wenn wir kurz vor der Trennung stehen. Als wären wir in einer Midlife Crisis, dabei sind wir so glücklich wie noch nie."

„Ja, das kann ich verstehen, dass viele Menschen dieses Bild im Kopf haben. Jeder sieht halt immer nur das, was er sehen möchte und das bildet sich aus dem, was wir kennen und wissen," lautete meine Antwort.

Doch worauf kommt es an? Auf gesellschaftliche Konventionen? Auf das, was man halt so macht? Oder geht es nicht darum, dass jedes Paar, ja jeder Mensch seinen eigene Weg finden darf, um glücklich zu sein? Wenn wir alle mal viel weniger darauf geben würden, was man halt so macht oder was wir denken, wie wir zu sein hätten und den Fokus viel mehr darauf lenken würden, was uns glücklich macht, dann hätte diese Gesellschaft wesentlich weniger Probleme.

Die Macht der eigenen Entscheidungen

Mich haben Stress, gesellschaftlicher Druck, meine Prägungen und auch meine Erwartungen an mich selbst ungut beeinflusst. Es hat dazu geführt, dass ich meine Persönlichkeit und mein Naturell unterdrückt habe. Bei Markus war es genauso.

Dieses selbst auferlegte Gefängnis habe ich gesprengt. Die Entscheidung, dass ich dieses Leben so nicht weiterführen möchte und sich etwas für mich ändern muss, habe ich nicht mit Markus getroffen. Ich habe sie für mich getroffen. Meine größte Angst dabei war, dass ich Markus verliere. Dass mein Verhalten egoistisch ist. Dass es nicht richtig ist. Weil man das eben nicht so macht. Weil wir ja eine Gemeinschaft sind. Weil man sich anpassen muss.

Es war zeitweise so krass, dass wir uns gegenüber dem anderen unfassbar mies verhalten haben, weil wir einander quasi zwingen wollten, dass einer die Entscheidung trifft zu gehen. Gemeinsam zu wachsen war schmerzhaft. Es war herausfordernd und ist es immer noch. Und es war notwendig. Gemeinsam zu wachsen und wieder ich selbst zu werden, war das Beste, was uns passieren konnte.

Und jedes Mal, wenn wir an einem Punkt sind, an dem unsere Welt wieder in Wanken gerät, dürfen wir eine Entscheidung treffen. Was möchte ich? Mit wem möchte ich es?

Und dann wird es leichter. Denn wenn wir uns bewusst füreinander entscheiden, dann gibt es daran auch nicht mehr viel zu rütteln. Die Veränderung ist auf je eigene Art und Weise möglich. Lebt so, wie es für euch als Paar, als Familie passt. Scheißt darauf, was andere sagen oder machen.

Es ist gesellschaftlich vollkommen akzeptiert, in einer unbefriedigenden Beziehung zu leben, Affären sind vollkommen üblich und auch die Gewohnheit, sich bei jeder Gelegenheit das Leben schön zu saufen. Mich macht es fassungslos, dass das für so viele Menschen eine Form der Normalität ist. Dass wir lieber von einer Party zur nächsten springen, statt uns mit unseren Lieben zu unterhalten und tiefe Gespräche zu führen, in denen wir nicht jammern und motzen. Dass wir auf die Frage „Wie geht es dir?“ mit „Gut!!“ antworten, obwohl es vielleicht gar nicht stimmt.

Diese Art von Leben war für mich nicht länger vorstellbar, obwohl wir mittendrin waren. Der Freizeitkalender war voll. Wir waren deshalb sehr gut abgelenkt und hatten wenig Zeit, uns mit uns selber zu beschäftigen. Es ist ebenfalls super geeignet, um sehr intensiv über andere Menschen zu sprechen, statt über sich selber nachzudenken. Und die Woche ist dafür da, um sich vom Wochenende zu erholen.

Und auf einmal kommst du an einen Punkt, wo du denkst: Wer ist dieser Mann an meiner Seite überhaupt? Und wer bin ich überhaupt? Wir Menschen sind unfassbar gut darin, uns anzupassen. Wir haben ein tiefes Urbedürfnis, zur Herde zu gehören. Und um dazuzugehören, passen wir uns gerne an. Wenn wir also so ein Leben wählen, ja dann dürfen wir uns nicht wundern, wenn wir uns verlieren.

Es sind Ausflüge mit meinen Freundinnen gewesen, die mich sehr zum Nachdenken gebracht haben. Ich finde diese Ausflüge großartig. Einfach mal ein paar Tage nur auf mich selber achten, viel lachen und Spaß haben – das ist toll.

Abends dann in einer Disco oder Kneipe tanzen und feiern. Ich mag es, wenn ich zum Tanzen aufgefordert werde. Es ist auch schön, von

jemand Fremden Komplimente zu bekommen. Etwas Flirten – da ist für mich nichts dabei.

Die Grenzen setzt da natürlich jede:r anders. Wenn wir Freundinnen mit einander unterwegs waren, wurde uns von anderen oft das Gefühl vermittelt, wir seien prüde und veraltet. Einfach, weil jede von uns klare Grenzen hatte.

Es hat schon etwas Einnehmendes, wenn in einer Disco Menschen wild knutschen, aber beide tragen unterschiedliche Eheringe. Wir haben uns in unserem Freundinnenkreis dann schon oft gefragt: Ist das jetzt normal? Sind wir wirklich veraltet und prüde?

Ich persönlich finde es besorgniserregend, wenn Menschen es für völlig normal halten, ihre Partner:innen an so einem Wochenende zu betrügen. Wir fühlten uns mit unserer Gruppe manchmal wie so Außerirdische, weil wir an unseren Werten und Verbindlichkeiten festgehalten haben.

Meine Hoffnung ist da, dass wir einfach mehr werden. Dass sich Menschen nicht belabern lassen, dass Fremdgehen ja normal ist, sondern dass wir Spaß haben und trotzdem treu sind.

Klar kann man einwenden, dass es doch prima ist, wenn es für alle Beteiligten in Ordnung ist. Doch wenn dies immer so wäre, hätten wir dann so eine hohe Scheidungsrate? Wenn die Monogamie nicht glücklich macht, warum sind dann so viele Menschen verletzt, wenn sie erfahren, dass ihr Partner, ihre Partnerin fremdgeht?

Denn das ist es doch. Eine Verletzung. Nicht nur eines Versprechens, das sich viele Paare gegeben haben, sondern auch eine Verletzung des

Vertrauens. Und wenn wir uns nicht mehr vertrauen können, was haben wir dann noch? Was bleibt dann? Nicht viel. Und ich glaube auch nicht genug, um gemeinsam durch die Zeit zu gehen.

Mich würde es sehr sehr traurig machen, wenn ich zweifeln müsste, wenn mein Mann auf Tour fährt. Umgekehrt sicher auch. Es gibt so viele Hürden in einer Beziehung, aber ich weiß zu 150 Prozent, dass ich für ihn die schönste und beste Frau der Welt bin. Und er weiß, dass er für mich der schönste und beste Mann der Welt ist.

Doch keiner kann sein Herz programmieren, wen es lieben soll. Wenn es also passiert, dass wir uns „fremd" verlieben, dann würde ich mir Fairness wünschen. Kein Spiel mit dem Feuer. Kein: Wir haben Spaß zusammen und für den Rest ist die Ehefrau da. Ich würde mir für das Wohlergehen einer ganzen Gesellschaft wünschen, dass wir lernen, ehrlich zu sein.

Fremdknutschen oder fremdgehen tut keinem gut – glaube ich jedenfalls und ich kann es mir auch nicht vorstellen. Denn ein Ja zu jemand anderem ist für mich verbindlich.

Bleib bei dir. Bleib bei deinen Werten. Hab den Mut, klare Kante dafür zu zeigen.

Ich bin irgendwann an einem Punkt angekommen, an dem ich für mich entschieden habe, wie ich leben möchte. Ich möchte mich nicht anpassen. Mein Leben ist so schön, ich muss mich auch nicht ständig betäuben (mit Alkohol, Tabletten oder sonst was), um es auszuhalten.

Für mich zu entscheiden, dass ich das so nicht mehr will, ist das eine. Aber was ist mit deinem Partner? Was ist, wenn ihm das Leben, wie ihr es gerade führt, ganz gut gefällt und er damit einigermaßen glücklich ist? Du kannst deinem Partner nicht vorschreiben, wie er zu leben hat. Doch du kannst dein Leben so führen, wie du es willst. Dein Partner kann, genau wie du, die Entscheidung treffen, welchen Weg er gehen möchte.

Die Angst ist dann häufig, dass jemand nicht mitgeht. Es liegt auch an unserer Vorstellungskraft – wir können uns nicht vorstellen, dass das Neue so viel besser und schöner wird als das Bekannte.

Schließ einmal deine Augen und frage dich: Was hast du zu verlieren? Was habt ihr zu verlieren? Möchtest du wirklich am Ende deiner Tage

sagen: „Mein Leben war ganz nett?" Oder möchtest du irgendwann sagen: „Es war ein krasser Ritt, aber es war richtig geil"?

Ich habe mich für die zweite Version entschieden. Und als ich Markus diese Frage gestellt habe, war auch seine Antwort völlig klar. Ein geiles Leben heißt übrigens nicht Luxus, Reichtum, größeres Haus usw. Ein geiles Leben bedeutet für mich und für uns: Erfüllung, tiefe Gespräche, gemeinsames Lachen, tolle Erlebnisse, Veränderungen, den Sonnenuntergang beobachten und so vieles mehr.

Als ich anfing, diese Werte wieder zu leben und mich nicht mehr klein zu machen, konnte Markus den Weg mit mir gemeinsam gehen. Es war seine Entscheidung, das auch zu wollen. Seine Themen und Blockaden musste er aber schon selbst lösen. Das konnte ich nicht für ihn tun. Das war das schwerste, was ich je lernen musste: auszuhalten, dass ich nichts tun kann.

Ab und zu braucht die Liebe Ferien

„Manchmal brauchen wir die Wolken, sonst würden wir die Sonne gar nicht mehr zu schätzen wissen." Dieser Satz aus dem dritten Teil der Sissi-Trilogie lässt sich sehr gut auf eine Partnerschaft übertragen.

Ich mag es, Zeit allein zu verbringen. Und ich mag es, meinen Mann zu vermissen. Im Alltag nehme ich sein Dasein viel zu oft für selbstverständlich. Und ich glaube, er meines auch. Wir nehmen dann gar nicht mehr wahr, wie viel der andere leistet, wie schön seine Gegenwart ist, wie gut seine Nähe tut. Weil es völlig normal erscheint.

Markus und ich hatten diese Normalität viele Jahre lang nicht. Schon als wir frisch zusammen waren, trennten uns 50 Kilometer. Und wer

in einer ländlichen Region aufgewachsen ist, weiß, welche Herausforderungen so eine Distanz mit sich bringt. Da ich noch nicht mal einen Führerschein hatte und Markus noch studierte, waren unsere Treffen vor allem auf die Wochenenden beschränkt. Und sie waren immer (na ja, sagen wir meistens) etwas Besonderes. Auch als wir zusammen gezogen sind, hat sich nicht grundsätzlich etwas verändert, weil Markus beruflich sehr viel in anderen Städten war. Montags hingeflogen und am Freitagabend wieder zurück – acht Jahre lang. Wir waren also recht gut darin, uns zu vermissen.

Es war eine sehr große und sehr schöne Umstellung, als sich Markus' Projekte mehr in die Umgebung verlagert haben. Als Markus mehr zu Hause war, merkten wir erst, wie viel Lebensqualität uns das brachte. Einfach mitten in der Woche draußen einen Sommerabend zu genießen, war bis dahin einfach nicht drin.

Aber es lenkt auch immer gut ab. Ich habe immer viel zu tun bzw. hier fällt viel an. Dann die Gespräche mit den Kindern, mit Markus, da kann es allzu leicht passieren, dass die eigenen Gedanken allzu schnell nach hinten rücken. Wir sind es nicht mehr gewohnt, uns selber auszuhalten. Ich schreibe hier bewusst *aushalten,* denn das ist in meinen Augen genau die Kunst.

Wie lange schaffst du es, Zeit mit dir alleine zu verbringen? Ein paar Stunden? Einen Tag? Eine Woche? Wie sehr bist du in dieser Zeit am Handy, in den sozialen Medien oder bei Netflix? Warst du schon mal alleine essen? Oder im Urlaub?

Die wenigsten Menschen können das. Ich pauschaliere hier ganz bewusst. Wir sind darauf gepolt, uns ständig abzulenken. Es ist mir

ehrlich gesagt ein Graus, wenn ich in einem Café bin und alle um mich herum starren nur auf ihr Handy. Eine Familie sitzt am Tisch und die Eltern sind nur am daddeln. Menschen kommen an den Strand, um den Sonnenuntergang anzuschauen, und starren dann doch nur aufs Handy.

Bis 2015 war ich nie alleine im Urlaub. Ich konnte mir das gar nicht vorstellen. Was soll ich denn da die ganze Zeit machen? Was denken denn nur die anderen Leute, wenn ich so alleine bin? Doch dann entschied ich mich, eine Weiterbildung auf Sylt zu machen. Weil ich noch nie auf Sylt war und entspannt in die Weiterbildung starten wollte, reiste ich zwei Tage eher an.

Es war eine Zeit in meinem Leben, in der sehr viel im Umbruch war. Ich hatte gerade sehr schmerzhaft erfahren, dass langjährige Freundschaften sich als völlig toxisch herausstellten. Ich war körperlich aus der Balance geraten. Und zwischen Markus und mir war es, sagen wir mal, spannend. Wir befanden uns beide in einer großen Findungsphase und wussten nicht so recht, wie es weitergeht, ob es weitergeht und schon gar nicht, wohin die Reise führen wird. Kurzum, in meinem Kopf war recht viel los.

Der Abschied fiel mir sehr schwer. Ich weiß nicht, ob ich gespürt habe, dass eine riesige Veränderung anstand, oder ob ich einfach nur, auf Deutsch gesagt, „die Hose voll hatte". Ich fuhr also nach Sylt und war gefühlt völlig am Anschlag. Das mitten in den Dünen liegende Hotel war unspektakulär. Nachdem ich mich eingecheckt hatte, schaute ich mir die Umgebung an. Doch es war für Juli überraschend frisch, also war ich recht schnell wieder in meinem Hotelzimmer. In dem es weder einen Fernseher noch – was für mich viel schlimmer

war –Handyempfang gab. Das war alles ein bisschen viel. Was ist, wenn Markus und die Mädels mich brauchen? Was ist, wenn es sonst etwas Wichtiges gibt? Ich hätte auch gerne noch ein paar Nachrichten verschickt. Wenigstens telefonieren und gute Nacht sagen wäre schon schön gewesen. Auf meine Bücher, die ich dabei hatte, konnte ich mich gar nicht konzentrieren. Ich fühlte mich wie ein Tiger im Käfig. In meinem Kopf ging es zu wie in einer Achterbahn. Meine Gedanken fuhren Vollgas hoch und runter inklusive Loopings.

Also habe ich mich wieder angezogen und bin auf der Suche nach Mobilfunknetz mit dem Handy in der Hand durch die Dünen gelaufen. By the way, ich muss ein sehr witziges Bild abgegeben haben, aber ich fühlte mich eher am Rande der Verzweiflung.

Mir liefen die Tränen übers Gesicht und ich fühlte einen großen Schmerz in mir. Es war das erste Mal seit langer Zeit, dass ich so alleine mit mir war. Keine Arme, die mich auffingen. Keine Kinder, die mich ablenkten, keine anderen Menschen, vor denen ich meine Fassade aufrechterhalten musste. Nur ich, allein in den Dünen Kamperlands.

Irgendwann gab ich es auf, nach Handyempfang zu suchen. Ich setzte mich versteckt in die Dünen und ließ einfach los. Ich weiß nicht mehr, wie lange ich dort saß. Um mich herum war niemand. Nur das Meer, die Natur und ich. Und ich glaube, genau das habe ich gebraucht. Ich heulte und heulte. Es war alles dabei: verzweifeltes Schluchzen, stille Tränen, wütendes Stampfen. Je weniger ich meine Gefühle unterdrückte und je mehr ich den Schmerz zuließ, desto ruhiger wurde ich.

Ich wusste damals noch nicht viel von persönlicher Weiterentwicklung, vom Unterbewusstsein und diesem ganzen so wichtigem Kram. Doch ich habe die Möglichkeit genutzt, intuitiv das zu tun, was meiner Seele guttat. Es war auch ein schönes Gefühl, zu wissen, ich hätte meinen Mann jetzt gerne an meiner Seite. Ich würde mich gerne von ihm in den Arm nehmen lassen. Und es war gleichzeitig eine krasse Erfahrung, zu spüren: Ich brauche ihn aber dafür nicht. Ich kann das auch alleine. Wenn wir uns aus dem Modus des „Brauchens" in den Modus des „Wollens" verabschieden – schön, oder?

Der Tag danach war wesentlich entspannter. Ich konnte die Mahlzeiten alleine genießen. Ich bin am Strand spazieren gegangen und von Westerland nach Kampen gewandert. Mein Kopf war immer noch zu voll, um in Ruhe zu lesen, aber ich habe es ausgehalten, einfach mal nichts zu machen. Denn Handyempfang gab es immer noch keinen.

Diese Erfahrung war sehr prägend. Ich habe unfassbar viel gelernt, nette und sehr beeindruckende Menschen kennengelernt und mich ein Stück weit wiedergefunden. Seither liebe ich es, Zeit mit mir alleine zu verbringen. Es ist mittlerweile völlig normal geworden, dass ich alleine irgendwohin fahre.

Es ist noch gar nicht lange her, da erzählte Markus mir, dass er noch nie alleine im Urlaub war. Ich war wie vom Donner gerührt. Er war so oft weg, dass mir das gar nicht aufgefallen ist – aber immer nur beruflich. Es war nicht viel nötig, dass er auch ein paar Tage gefunden hat, die er sich alleine rausnehmen konnte. Denn wenn wir die ganzen Ablenkungen und Ausreden mal weglassen, ist es ja meistens gar nicht so schwer, etwas umzusetzen.

Alleine essen gehen, wandern, weniger Handyzeit. Für ihn war die Zeit alleine genauso herausfordernd, wie es für mich damals war. Er vermisste mich und ich ihn. Und es hat ihm genauso gut getan wie mir. Diese neuen Erfahrungen brachten uns beide weiter. Es gefiel uns so gut, dass wir das weiter pflegen. Jeder von uns fährt ein paar Tage im Jahr alleine weg.

Es ist für unsere Beziehung so wichtig, einander zu vermissen. Und danach wieder bewusst wahrzunehmen: Wie riecht der andere? Wie fühlt er sich an? Welche Geräusche macht er im Schlaf (auch wenn wir im Alltag vielleicht davon genervt sind, haben sie doch manchmal etwas sehr Beruhigendes)?

Es ist so wichtig, den Partner aus dem „Ich brauche dich" zu entlassen. Denn brauchen ist ungünstig. Es impliziert ja, dass wir etwas nicht alleine können oder uns der andere gar vervollständigt.

Ich bin fest davon überzeugt, dass diese Auszeiten sehr wichtig sind für eine glückliche Beziehung. Wenn du nicht die Möglichkeit hast, alleine wegzufahren, nimm dich für einen Tag raus. Fahr in den Wald, geh wandern oder mache einen Sauna-Tag. Es gibt so viele Möglichkeiten.

Es wäre so schön, wenn uns schon in der Schule beigebracht werden würde, uns selbst genug zu sein. Dass wir nicht ständig abgelenkt und bespaßt werden müssen. Das es ein Segen für unser Selbst ist, uns nur mit uns selbst zu beschäftigen.

Mich macht es wahnsinnig glücklich, wenn ich alleine durch den Wald oder am Strand entlang laufe. Wenn ich ein Restaurant ganz nach meinen Wünschen und Bedürfnissen aussuchen kann. Wenn ich meinen eigenen Gedanken nachhängen kann, ohne immer wieder

unterbrochen zu werden. Ich entwerfe meine gesamten Vorträge im Kopf, wenn ich alleine bin. Die Reden, die ich halte, die entstehen in meinen Gedanken, wenn ich alleine bin.

> Es gibt, so glaube ich, nichts Schöneres als einen Menschen, der mit sich selbst glücklich ist. Menschen, die keine anderen Menschen brauchen, sondern wollen. Die sich frei machen von gesellschaftlichen Konventionen und ihre Einzigartigkeit feiern und leben. Diese Menschen wissen, dass sie etwas Besonderes sind. Sie wollen gar nicht Lob und Anerkennung von anderen, weil sie wissen, dass sie gut sind, so wie sie sind. Dieses Wissen macht keineswegs arrogant, sondern es befähigt uns zu wahrer Empathie.

In dem ich mich als einzigartig sehe und auch wertschätze, kann ich das bei meinem Partner auch tun. Wenn ich mir bewusst werde, dass dieser Mensch völlig einzigartig ist auf dieser Welt, werde ich auch anders mit ihm umgehen. Dann nehmen wir uns nicht mehr für selbstverständlich. Nimm dir also bitte Zeit und Raum, alleine zu sein. Halte dich selber aus. Fühle dich in dir zu Hause.

Love lessons

Was tut der Liebe gut? Das ist die Frage, die ich mir vor diesem Kapitel gestellt habe. Es gibt da, so glaube ich, wenig pauschale Antworten. Die Liebe ist genauso individuell, wie du. Genauso sehen sich so viele

Menschen, auch in einer bestehenden Beziehung, nach dieser einen tiefen Liebe.

Ja, du hast richtig gelesen. Auch viele Menschen in bestehenden Beziehungen sehnen sich so sehr nach tiefer Liebe. Hast du jemals den kleinen Prinzen gelesen? Oder gehört? Es ist eines der langweiligsten und gleichzeitig tiefsten Bücher, die ich je gelesen habe.

Der kleine Prinz landet auf der Erde und sucht die Menschen. Auf dieser Suche befreundet er sich erst mit einer Blume, dann mit dem Fuchs. Er ist enttäuscht, weil die Blume ihm gesagt hat, dass sie einzigartig sei, doch dann entdeckt er einen Garten mit tausenden Rosen. Doch auf seiner weiteren Reise begegnet er dem Fuchs, der ihn auffordert, ihn zu zähmen. Sich miteinander vertraut zu machen. Er zeigt dem kleinen Prinzen, dass seine Rose sich doch von den tausend anderen Rosen unterscheidet, weil sie ihm etwas bedeutet. Weil er sich für sie verantwortlich fühlt. Dann teilt der Fuchs sein tiefstes Geheimnis mit dem kleinen Prinzen: „Man sieht nur mit dem Herzen gut. Das Wesentliche ist für die Augen unsichtbar."

Wir tun so oft Dinge, die gut aussehen. Die in unserem Lebenslauf gut aussehen. Die nach außen gut und richtig wirken. Aber wir fragen viel zu selten unser Herz, was sich auch gut anfühlt. Und wenn ich sage *anfühlen*, dann meine ich auch fühlen. Nicht nur unsere seelische Ebene, also das, was unser Sein glücklich macht. Sondern auch das, was unseren Körper glücklich macht. Wir sind doch ein Dreiklang aus Geist, Körper und Seele.

Diesen Dreiklang lassen viele Paare im Laufe ihrer Beziehung außer Acht. Wir sehnen uns so nach Liebe, nach Zuwendung, nach Berührung, aber wir sind nicht in der Lage, das in unser Leben zu integrieren.

Eine erfüllende Sexualität ist das, was in vielen Beziehungen als allererstes an Priorität verliert, wenn die Kinder erst einmal da sind und der Alltag einen im Griff hat. Dabei ist sie für eine glückliche Beziehung höchst relevant.

Die Situation kennt, glaube ich, jede:r. Der Alltag ist anstrengend, weil du von der Care-Arbeit, deinem Job und dem ganzen anderen Kram völlig übermüdet und fertig bist. Dann hast du abends kein Bock mehr auf das heiße Negligé, sondern bist froh, wenn du dir deine Lieblingsschlabberhose anziehen und ins Bett fallen kannst. Nicht, dass dieser Look nicht auch megasexy sein kann, aber nach lebensveränderndem Sex ist dir einfach nicht mehr. Und wenn dir danach ist und du den ganzen Tag laszive Andeutungen gemacht, also sozusagen den Weg geebnet hast, dann liegt dein Partner abends auf der Couch und ist 15 Minuten nach Filmbeginn eingeschlafen. Und schwupp wird aus einer Woche ohne Sex ein Monat. Aus einem Monat wird ein Vierteljahr. Und irgendwann hast du dich so daran gewöhnt, dass du denkst, es ist ganz normal so und der Aufwand ist es einfach nicht wert.

Wir alle brauchen Liebe. Wir brauchen auch körperliche Liebe. Es ist, in meinen Augen, vollkommen unnatürlich, wenn wir diese Seite an uns nicht ausleben (dürfen). Wir brauchen Berührungen, Zärtlichkeiten, Küsse und Umarmungen. Ja, ich glaube auch, dass wir alle Sex brauchen. Doch wir brauchen auch viel mehr Mut und Offenheit, um darüber zu sprechen und auch unsere Bedürfnisse zu benennen.

Du glaubst, Sex ist ein nicht so wichtiger Teil einer Beziehung? Die Techniker Krankenkasse hat dazu eine Studie gemacht. Die Deutschen sind sehr königlich, was die Disziplin Pornogucken angeht. Ich will das nicht verurteilen oder bewerten. Doch was bedeutet es, wenn sich

Männer durchschnittlich 70 Minuten Pornos die Woche anschauen?[2] Es könnte vielleicht sein, dass

1. der Wunsch nach Sex doch da ist
2. es ihr Denken über Sex beeinflusst
3. es ihr sexuelles Handeln beeinflusst.

Da haben wir also eine große Diskrepanz zwischen dem, wonach wir uns sehnen, und dem, was wir leben. Wenn wir uns nicht so sehr nach sexueller Befriedigung sehnen würden, hätten wir andere Zahlen. Zu wenig Sex in der Beziehung ist übrigens sehr häufig ein Trennungsgrund bzw. ein Grund für eine Affäre, die dann zur Trennung führt. Da stoßen wir wieder auf das, was für unsere Beziehung wichtig ist: die Entscheidung. Wenn ich also merke, egal ob Mann oder Frau, mir fehlt die Sexualität, warum spreche ich nicht mit meinem Partner oder meiner Partnerin? Warum treffe ich nicht da auch wieder die Entscheidung: Was will ich? Und mit wem will ich es? Es gibt keinen Grund, sich für das Bedürfnis nach einem erfüllten Sex Leben zu schämen.

In den meisten Pornos, die ich gesehen habe, war die Frau eher ein Objekt der Begierde, das auf recht vielfältige Art und Weise gefickt wurde. Sie scheint es toll zu finden, wenn ihr in verschiedene Körperöffnungen männliche Geschlechtsorgane oder Finger gesteckt werden, kann sich vor Lust kaum halten, wenn das Ejakulat ihr auf den Körper läuft. Und je mehr Männer sich sie vornehmen, desto lauter stöhnt sie vor Lust. Ähm ... Dieses Bild von weiblicher Lust festigt sich nun in den Köpfen der Männer. (Auch wenn jetzt viele sagen, habe ich noch nie gesehen, ich bin die goldene Ausnahme: Die Zahlen erzählen da eine andere Geschichte.) Liebe Männer, in welchem Jahrhundert leben

wir denn, dass ihr es erstens noch anregend findet, Frauen zu erniedrigen, und zweitens denkt, solche Filme entsprechen der Realität?

Und liebe Frauen, können wir bitte mal anfangen, offen und ehrlich über unsere Bedürfnisse im Bett zu sprechen? Vielleicht ist es auch mal an der Zeit zu sagen, dass uns ein dahingehauchter Kuss auf die Wange nicht glücklich macht. Dass wir es schön finden zu knutschen? Zu kuscheln? Dass uns Berührungen an mehr als zwei Körperstellen anmachen?

Als würde der weibliche Körper nur aus Brüsten und Klitoris bestehen. Es gibt durchaus noch ein paar Quadratzentimeter Haut mehr, die ebenfalls sehr empfindlich sind.

Und es ist vielleicht auch mal an der Zeit zu sagen: „Nur weil ich heute zu müde bin oder keine Lust habe, heißt das nicht, dass ich dich nicht begehrenswert finde." Lust ist, wie wir Frauen, zyklisch. Das hat die Natur schon gut eingerichtet, dass wir rund um den Eisprung mehr Lust haben als kurz vor der Menstruation.

Es sind immer noch so viele Mythen über die weibliche Sexualität unterwegs, die durch diese tollen, realistischen Pornos nicht unbedingt aus der Welt geschafft wurden.

Jeanine Hurte hat sich in ihrem Buch „Sei du selbst und werde reich" intensiv mit diesem Thema beschäftigt. Ihr Resümee daraus ist, dass sie von nun an klar formuliert, was und wie sie es möchte. Nicht, dass ihr Partner denkt, der Sex müsste ablaufen, wie in einem Porno. Des-

halb stellt sie, bevor es überhaupt losgeht, klar: „Du, ich habe keine Lust, dir einen zu blasen, geschweige denn auf Analsex." Findest du das provokant? Ich nicht. Ich finde es authentisch und wichtig. Denn wenn ich ausspreche, worauf ich keine Lust habe, kann ich auch aussprechen, worauf ich Lust habe. Und das hilft so vielen Frauen.

Ich könnte dir viele Beispiele von Klientinnen erzählen, die so darunter litten, dass sie entweder keinen Sex mehr hatten oder schlechten Sex. Ich werde nie eine Klientin vergessen, für die Sex ausschließlich zum Kinderzeugen da war und noch nie einen Orgasmus hatte (und auch gar kein Interesse daran hatte). Sie empfand ihren Mann als „schlecht im Bett" und ihre Ehe glich eher einer Wohngemeinschaft mit gemeinsamem Schlafzimmer. Als ich sie fragte, wann sie und ihr Mann sich das letzte Mal geküsst hatten, also so richtig, musste sie lange überlegen, aber es fiel ihr nicht ein.

Kannst du dir vorstellen, was diese Frau ausgestrahlt hat? Sie wirkte nicht erfüllt oder glücklich. Sie hat sich mit Essen getröstet und ihre Kinder abgöttisch geknuddelt, die übrigens immer im Elternbett schliefen, weil es ja so schön ist, mit jemanden zu kuscheln. Finde den Fehler.

Auch hier gilt: Eine schlechte Phase macht nicht eine schlechte Ehe. Doch lohnt es sich, hinter die Kulissen zu schauen. Es lohnt sich, sich zu fragen, wie es besser werden kann. Denn es war doch schließlich mal „besser", oder? Vielleicht nicht unbedingt die ersten Male, als keiner wusste, wie was funktioniert. Ich meine die Male, wo man schon weiß, was dem anderen gefällt. Wo man noch viel Zeit füreinander hat. Wo es Spaß macht, den Körper des anderen zu erkunden (das sollte übrigens auch nie aufhören)

Wenn du also wissen möchtest, was der Liebe guttut, dann ist das auch guter Sex. Und, meine Damen, Männer sind nicht alleine dafür verantwortlich, dass wir befriedigt sind oder werden.

Da ist sie wieder, die Entscheidung. Hier ist es die Entscheidung, sich selbst so viel wert zu sein und sich etwas zu trauen. Traut euch, euch selber kennenzulernen. Euer Körper hört nicht unterhalb des Bauchnabels auf. Führt doch euren Partner so, dass es für euch ebenso lustvoll ist. Unser Sexualorgan ist zwar im Verhältnis sehr klein, aber dennoch enorm wichtig. Louise Hay schrieb in ihrem Buch sogar, dass frau sich bei Migräneanfällen selbst befriedigen soll, weil es die Spannung im Körper löst. Aber es ist nicht nur der Orgasmus, der Spannungen im Körper löst.

Berührungen und Küsse sind Balsam für unsere Seele.

Das gilt natürlich für den Mann genauso.

Ich möchte dich einladen, dein eigenes bzw. euer eigenes Maß zu finden. Fangt mit dem kleinsten gemeinsamen Nenner an. Erweitert ihn. Ihr Frauen achtet auf euren Zyklus. Seid im Einklang damit und mit euch. Macht euch frei von den Bildern, die ihr durch Einflüsse von außen im Kopf habt. Findet eure Sexualität. Ich dachte, wir wären schon auf einen guten Weg – bis ich 2017 meine Praxis eröffnete und mir diese ungeschönten Wahrheiten entgegenschlugen. Vielleicht kann ich dir hier, genauso wie den Frauen in meiner Praxis, Mut zusprechen, dich selbst auszuprobieren. Lass dir von niemandem sagen, was wie geht oder was wie sein soll. Es geht nur um dich und um euch. Sprecht miteinander. Überrascht euch gegenseitig.

Das ist überhaupt das allerbeste: wenn du es nach Jahren und einer gewissen Routine immer noch schaffst, deinen Partner oder deine Partnerin zu überraschen. Aus den gewohnten Mustern auszubrechen. Es ist euer Leben, lebt es so, wie es sich für euch richtig gut anfühlt.

Die Entscheidung lautet: Wir wollen glücklich sein

Glaubst du, dass es *das* Erfolgsrezept für eine glückliche Beziehung gibt? Ich nicht. Ich glaube, dass die Entscheidung, glücklich zu sein, ein wichtiger Baustein dafür ist. Wenn wir uns dafür entscheiden, glücklich zu sein, egal, wie das auch aussehen mag, sind wir in der Lage, unseren Weg so zu akzeptieren, wie er ist.

Wie dieser auch immer aussehen mag. Was auch immer mich wieder zu meinen Partner zieht. Was ihn zu mir zieht. Wir haben die Möglichkeit, uns zu entscheiden, worauf wir uns konzentrieren wollen.

Ich habe mich vor 27 Jahren in Markus verliebt. Und er sich in mich. Manchmal vergessen wir vor lauter Alltag und Selbstverständlichkeiten, was uns im Kern ausmacht und was unseren Partner ausmacht. Das ist das schöne an der Persönlichkeitsentwicklung. Es geht nie darum, jemand anderes zu werden. Es geht stets darum, voll und ganz du selbst zu sein. Und heute ist es oft so, dass ich mich dabei beobachte oder besser, wie ich uns beide beobachte, wie wir so viel kindliche Freude in unserem Alltag haben. Es ist so viel leichter und schöner, so lebendiger, als es noch vor ein paar Jahren war. Wir legen nicht mehr so viel Wert auf das, was man halt so macht oder wie wir zu sein haben, sondern sind viel häufiger so, wie wir es immer waren, aber uns nicht erlaubt haben zu sein.

Wenn ich Fotos aus unserer Anfangszeit sehe und mich an uns erinnere, merke ich, dass wir wieder mehr und mehr dahin kommen. Unbeschwert zu sein. Frei zu sein. Wir zu sein.

Das ist es doch, worum es geht, oder? Ich meine, was zählt denn sonst im Leben? Klar, Gesundheit ist natürlich wichtig und existenziell. Wie wichtig es ist, wird uns auch oftmals erst klar, wenn wir diese nicht mehr haben. Das macht übrigens auch das Leben sehr viel leichter. Stell dir doch mal die Frage: Wie würde es dir gehen, wenn dein Partner auf einmal nicht mehr da wäre? Was würdest du vermissen? Diese Fragen machen uns sehr deutlich, was wir an unserem Partner lieben und dass diese Dinge nicht selbstverständlich sind. Genauso wie die Frage, wie normal es für dich ist, dass dein Partner immer für dich da

ist. Dass du immer alles mit ihm teilen kannst. Es gab früher so viele Momente, in denen mir Markus gefehlt hat. Nicht nur, weil er mir hätte helfen oder mich unterstützen können. Es waren vielmehr die Momente, die wunderschön waren, und es war niemand da, mit dem ich sie teilen konnte.

Du hast es mit deinem Bewusstsein in der Hand, dich für ein glückliches und schönes Leben zu entscheiden. Es muss nicht schwer und anstrengend sein.

Die große Liebe ist wunderbar, macht aber viel (Bewusstseins-)Arbeit

Was uns 27 Jahre über die Liebe gelehrt haben

Es ist gar nicht lange her, da kam meine liebe Freundin Laura einfach mal so auf einen Kaffee vorbei. „Hi, ich wollte mir einen Kaffee bei dir abholen – es sei denn, ich störe dich."

„Nein", meinte ich und holte tief Luft, „du störst nicht, sondern lenkst mich netterweise ab."

„Super, Ablenkungen sind meine Spezialität. Verrätst du mir, wovon ich dich gerade ablenke?"

„Ja, klar – vom Schreiben. Du weißt doch, ich schreibe an meinem neuen Buch. Grade habe ich übelsten Mindfuck und komme überhaupt

nicht weiter.“ Als wir kurz darauf mit unserem Kaffee im Garten saßen, begann ich zu erzählen: „ Ich möchte ein Buch über Beziehungen schreiben. Wie man halt auch nach 27 Jahren glücklich sein kann.“

„Klingt total gut. Gerade du weißt doch, worum es in einer langen Beziehung geht.“

„Ist das wirklich so?“, fragte ich Laura. Sie blickte mich etwas verdattert an.

„Habe ich etwas verpasst? Du und Markus, ihr seid doch 27 Jahren ein Paar und ihr schaut euch immer noch an, als ob ihr frisch verliebt wärt. Wo ist dein Problem?“

„Na ja, vielleicht liegt es am Schreibprozess, aber ich habe das Gefühl, wir liegen uns ständig in den Haaren“

Kurzes Lachen von Laura. „ Ist das dein Ernst?“

„So witzig finde ich das gar nicht! Ich schreibe einen Ratgeber über Beziehungen und die Nachbarn hören uns streiten!“

Wieder lachte Laura, was mich nicht gerade beruhigte. „Ellen, genau das macht dich und Markus so authentisch. Du weißt einfach, dass eine Beziehung nicht immer Easypeasy ist. Dass es da mal hakt und Paare sich auch streiten. Aber ist es nicht das Wichtigste, wie ihr damit umgeht und wie ihr beide in eurer Liebe bleibt? Ihr geht euren Weg und ja, deine bzw. eure Herangehensweise solltest du aufschreiben. Denn das kann so vielen anderen Frauen bzw. Paaren helfen. Dass sie sich nicht selbst vergessen und auch nicht denken, mit einem anderen Mann wird es bestimmt einfacher und besser.“

Ich war so berührt von dem, was Laura gesagt hatte, dass ich ihr gar nicht direkt antworten konnte. Sie hatte nämlich absolut Recht. Was sind wir Menschen doch großartig darin, uns kleinzuhalten und zu deckeln.

Wir alle tun uns immer mal wieder schwer, die Dinge beim Namen zu nennen. Vor allem die guten Dinge.

Kannst du sagen, worin du richtig gut bist? Bist du gut darin, zu erkennen, wie sehr du lieben kannst? Bist du in der Lage, dein Herz für dich und deine Lieben zu öffnen und anzuerkennen, welch wundervolle Beziehungen du führst? Trotz Streitereien oder Unstimmigkeiten? Kannst du anerkennen, dass nicht nur du mit deinem Partner richtig Glück gehabt hast, sondern er auch mit dir?

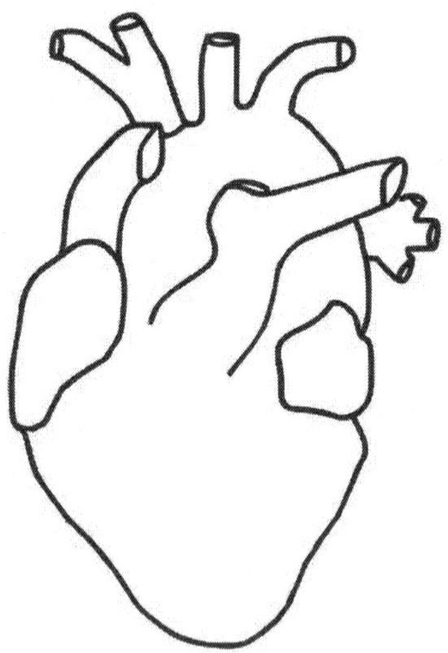

Unsere Konditionierungen sind da leider etwas anders gestrickt. Doch was würde das für einen Unterschied machen, wenn uns endlich mal wirklich total egal ist, was andere denken? Wenn wir uns nicht mehr deckeln würden, sondern mit stolzer Brust verkünden, dass wir tolle Menschen sind und tolle Beziehungen haben? Nicht etwa, um im Außen dafür Anerkennung oder Bewunderung zu bekommen, sondern um endlich festzustellen, dass das, was wir tun, was wir haben und auch, wie wir lieben, keine Selbstverständlichkeit ist.

Was würde das ändern? Oh, eine ganze Menge. Es würde nicht nur unsere Gedanken und unsere Energie verändern, sondern in erster Linie unser Gefühl. Das Gefühl von Mangel löst sich aus unserem System. Was denkst du, wie frei und unbeschwert dein Leben und deine Beziehungen wären, wenn du nicht mehr dieses Gefühl des Mangels oder des Fehlens in dir hättest?

Doch woher kommt es, dass sich so viele Menschen in diesem Gefühl, nicht gut genug zu sein, verlieren und sich deshalb klein halten?

Vielleicht liegt es an unseren Prägungen und Konditionierungen. Wir werden von so früh an damit konfrontiert, wie Liebe zu sein hat. Ich meine, wer hat denn bitte keine Disney Filme geschaut und Liebesromane gelesen? So und genau so hat Liebe auszusehen – jedes Kind bekommt es im Fernsehen oder in Kinderbüchern so vorgegaukelt.

Doch überraschenderweise ist die Realität gar nicht wie im Disney Märchen. So was! Und jetzt haben wir zwar eine tolle Beziehung, in der aber ab und an mal die Fetzen fliegen. Dann haben wir eine Beziehung, die ist ja ganz okay, aber halt eben nicht wie im Film oder Märchen. Somit ziehen so viele Menschen die Schlüsse, dass es halt

doch eben nicht so toll ist, wie man so denkt. Es ist ja nicht wie im Märchen.

Markus reitet selten meinen Namen rufend auf einem weißen Schimmel durchs Land und ich sitze noch viel seltener verzückt auf der Fensterbank und sehne das Eintreffen meines Mannes herbei. Dennoch kann ich klar und deutlich sagen, dass er die große Liebe meines Lebens ist. Und ich seine. Es gibt, unsere Kinder mal ausgenommen, keinen Menschen, für den ich so tiefe Gefühle habe. Es gab nie einen anderen Mann, der mich in dieser Tiefe geliebt hat oder den ich in dieser Tiefe geliebt habe. Die Liebe meines Lebens – das auszusprechen, habe ich mich lange nicht getraut. Es klingt so bedeutsam und vollmundig. Dass unsere Beziehung dennoch nicht (immer) easypeasy ist, hast du, liebe Leserin, im Verlauf dieses Buches schon mitbekommen. Keine Beziehung ist das – und erst recht keine, die über Jahre und Jahrzehnte andauert.

Wenn ich in diesem letzten Kapitel erzähle, welche Einsichten und Haltungen uns in all den Jahren geholfen haben, dann sind das keine Patentrezepte. Es sind unsere Erfahrungen – nicht mehr und nicht weniger (wie alles, was ich dir in diesem Buch erzählt habe).

Ohne Erwartungen l(i)ebt sich's leichter

Es gab Zeiten, da hat Markus mich mehr geliebt und stärker an uns geglaubt als ich. Es gab auch Zeiten, in denen es genau anders herum war. Doch ist das relevant? Ist es wichtig, wer wie viel liebt und sich wie stark in eine Beziehung hineingibt? Klar sollte diese „Mischkalkulation" am Ende ausgeglichen sein. Doch sollten wir uns nicht endlich von unseren Erwartungen lösen und anfangen, uns und unsere Liebe so anzunehmen, wie sie ist – und wie wir einfach sind?

Wir dürfen unsere Konditionierungen loslassen und anerkennen, wie großartig unsere Liebe (deine Liebe) ist. Diese Liebe ist nicht jeden Tag gleich. Sie ist nicht gleich stark, sie ist nicht gleich verteilt. Sie verläuft nicht konstant oder gradlinig, sondern in Wellen. Es fiel mir lange Zeit sehr schwer, das so anzuerkennen. Meine Bewertungen und Einstellungen waren anders konditioniert. (Ich sollte aufhören, Liebesfilme oder Disneyfilme zu schauen.) Die Liebe ist doch, wie so vieles in unserem Leben, zyklisch. Wenn ich mich aus meinen geprägten Erwartungen befreie und mich auf das einlasse, was ist, kann ich auch meinen Partner aus meinen Erwartungshaltungen befreien und wirklich leben und lieben, was ist.

Das war es, was uns bzw. mir das Leben so schwer gemacht hat. Ich habe verlernt, anzunehmen. Markus ebenso. Die Vorstellung von dem, wie etwas, wie wir sein müssten, war höher priorisiert.

Wir lieben uns doch um unseretwillen. Das macht doch die Liebe aus. Wir verlieren uns so oft darin, dass wir Erwartungen, gerne auch unausgesprochen an unseren Partner stellen. Diese werden von ihm/ihr nicht erfüllt und dann richten wir unseren Blick auf unsere Enttäuschung. Doch gibt es wirklich einen Grund enttäuscht zu sein? Gibt es wirklich einen Grund, die Liebe in ihrer absoluten unvollkommenen Vollkommenheit nicht anzunehmen?

Hand aufs Herz: Wie oft wünscht du dir, dein Partner wäre anders? Gefühlvoller, kommunikativer, liebevoller, zärtlicher, offener, abenteuerlustiger, ruhiger, lauter, aktiver, entspannter usw.? Dann, ja dann wäre es perfekt mit euch, oder?

Für meine Klientin Katrin gab es in einer unserer Sitzungen einen Moment, in dem für sie die Welt kurz stehen blieb. Wir machten eine Übung, bei der es darum geht, sich in die inneren Anteile des

Kritikers, des Realisten und des Träumers einzufühlen und sie zu Wort kommen zu lassen. Dafür gibt es für jeden Anteil einen eigenen Stuhl, auf den sich die Klientin dann jeweils setzt.

Katrin saß schon eine Weile in ihrem Träumer-Sessel. Sie hatte nicht viele Worte, die beschrieben, was der Träumer in ihr so sagte, dafür umso mehr Tränen. Katrin weinte und weinte. Irgendwann sagte sie, dass dieser Anteil in ihr so vernachlässigt sei. Sie erzählte von ihrer Spontanität, von ihrer Lebensfreude und ihren Träumen. Und dann sagte sie abschließend: „Aber mit meinem Mann geht das nicht. Der müsste einfach mal spontaner, lockerer sein. Das ist so einschränkend."

„Wie wäre es, wenn du einfach mal den Mann lieben würdest, den du dir ausgesucht hast, und nicht nur den, den du erwartest?" Mit dieser Frage öffnete ich bei Katrin sämtliche Schleusen. Sie weinte nicht mehr, sie heulte. Es schüttelte ihren ganzen Körper. Es kam ganz viel Schmerz nach außen – ausgelöst durch diese eine Frage.

Katrin erkannte, welchen Druck sie aufgebaut hatte. Welche Einschränkungen sie sich damit auferlegt hatte. Bis dahin war sie sich dessen nicht bewusst. Katrins Kopf hatte sich sehr gut und ausschweifend damit befasst, wie ihr Mann bitte zu sein hätte, damit sie ihn lieben und glücklich sein konnte

Ihr Mann war nicht spontan. Es fiel ihm schwer, unvorhersehbare Sachen zu machen. Er würde nie von sich aus auf die Idee kommen, kurzfristig ans Meer zu fahren. Katrin war anders. Sie liebte Spontanität. Und sie hat sich in eine Erwartungshaltung begeben, in der sie meinte, ihr Mann müsse auf die entsprechenden Ideen kommen, weil das etwas über die Qualität ihrer Beziehungen aussagen würde. Die

beiden führten viele Gespräche, in denen sie ihm das immer wieder gesagt hat. Und immer wieder gelobte er Besserung. Er wollte sich mehr Mühe geben. Wie anstrengend. Wie einschränkend. Klar können wir uns auf die Dinge konzentrieren, die jemand nicht besonders gut kann. Aber erfüllender und freudvoller ist es, sich auf die Stärken zu konzentrieren.

Katrins Mann kochte für sein Leben gerne und auch gut. Er überrascht Katrin dabei nicht mit einem Fünf-Gänge-Menü, sondern weiht sie in seine Planungen ein. Aber ist das Essen deshalb weniger gut, ist seine Mühe weniger wert?

Er ist gerne draußen in der Natur. Wandern oder Radfahren machen ihm sehr viel Spaß. Dabei bevorzugt er die Umgebung. Ist das, nur weil es nicht das Meer ist, weniger wertvoll?

Durch diese ganzen Erwartungen haben sich beide das Leben unnötig schwer gemacht.

So ist doch die Liebe nicht gemeint, oder? Dass es so schwer und anstrengend ist. Dass wir uns bemühen, den Erwartungen des Partners oder der Partnerin zu entsprechen.

Ich glaube, jede:r wünscht sich manchmal andere Wesenszüge, nicht nur beim Partner oder bei der Partnerin, auch bei sich selbst. Doch wir sollten uns fragen, worum es im Wesentlichen geht. Geht es darum, Erwartungen zu erfüllen, oder geht es um die Liebe?

Die Liebe stellt keine Bedingungen. Die Liebe sagt nicht, du musst erst das und jenes tun und so und so sein, dann liebe ich dich. Nein, die Liebe liebt. Schlicht und einfach. Mit allem, was ist, und mit allem,

was dazu gehört. Die Liebe hat keine Erwartungen. Lass die Erwartungen an deinen Partner und an dich selbst los und schau, was passiert.

Bei Katrin und ihrem Mann hat sich die gesamte Beziehung entspannt. Es war, als hätte endlich jemand den Druck rausgelassen. Katrin hat ihren Mann ja trotz allem geliebt. Es war nie anders. Sie hat aufgehört, nach links und rechts zu schauen. Damit meine ich, dass sie deutlich ihre Zeit in den Sozialen Medien, besonders bei Instagram, eingeschränkt hat. Es hat ihr überhaupt nicht gut getan, dauernd Content zu konsumieren. Das hat ihre Unzufriedenheit so geschürt. Sie hat sich viel mehr mit ihren und den Träumen ihres Mannes beschäftigt, statt sich auf Instagram das „tolle Leben“ der anderen anzuschauen. Sie hat ihren Mann nicht mehr für die Umsetzung ihrer Träume verantwortlich gemacht. Ihr Mann ist ihre bewusste Wahl gewesen. Ihre Liebe. Das und nichts anderes ist wichtig.

Es ist deine Entscheidung, jeden Tag

Wir leben im Jahr 2023. In den letzten 50 Jahren ist hinsichtlich der Gleichstellung von Mann und Frau enorm viel passiert. Seit 1977 brauchen Frauen nicht mehr die Erlaubnis ihres Ehemannes, wenn sie arbeiten gehen wollen. Seit 1997 ist Vergewaltigung in der Ehe in Deutschland strafbar (unfassbar, das es das jemals nicht war). Es gibt zwar immer noch viel zu tun, was Gleichberechtigung angeht, aber wir sind auf dem Weg und das ist gut so.

Ich kenne Frauen, die haben über 25 Jahre lang kein Wort mit ihrem Ehemann gewechselt, aber trotzdem Tisch und Bett mit ihm geteilt, weil sie nicht gehen *konnten*. Es war lange Zeit für eine Frau kaum

möglich, ihren Mann zu verlassen, weil sie dann vor dem absoluten Nichts gestanden hätte. Eine Trennung bedeutet zwar auch heute noch, dass es teuer wird und der Lebensstandard sich womöglich verändert, aber glücklicherweise haben sich die gesellschaftlichen Rahmenbedingungen zum Besseren gewandelt (auch wenn da immer noch Luft nach oben ist). Immer mehr Frauen haben wirklich die Wahl. Ich betone das so sehr, weil es für deine Beziehung wichtig ist. Für deine Liebe.

Denn die Liebe ist eine Entscheidung, die wir jeden Tag treffen.

Und zu wissen, dass wir eine Wahl haben, ist elementar.

Die Wahl zwischen Bleiben und Gehen. Die Wahl zwischen Liebe und Leid. Sich diese Möglichkeit immer wieder vor Augen zu führen, kann uns wachrütteln, wenn wir vor uns hindümpeln, statt eine Wahl zu treffen, und uns damit in einen Zustand der Unzufriedenheit manövrieren.

Es gibt Momente, in denen es leicht ist, sich für den anderen zu entscheiden. Wenn ich morgens wach werde und Markus noch schläft, ist das für mich immer ein magischer Moment. Ich sehe, wie sich seine Brust gleichmäßig hebt und senkt. Sein Kopf ist leicht zur Seite geneigt, sodass ich seine Konturen besser betrachten kann. In diesem Moment, den er gar nicht bewusst bemerkt, wo er nichts tun muss, nichts sein muss, treffe ich meine Entscheidung. Dass ich diesen Mann seit 27 Jahren liebe. Dass ich ihn gerne anschaue. Das es mich so

unendlich dankbar macht, dass ich ihn atmen sehen kann. Dass wir so gesegnet sind, im selben Bett zu liegen.

Bedeutend schwerer ist es, wenn es nicht so schön ist. Wenn mich manche seiner Eigenschaften bis aufs Blut reizen. Gerade dann zu entscheiden, ja, ich will, ist eine große Herausforderung.

Es gibt so viele Menschen, die sich wünschen würden, noch einmal mit ihrem Schatz sprechen zu können. Es gibt so viele Menschen, die erst durch eine schlimme Krankheit und einen großen Verlust merken, wie sehr sie jemanden lieben. Und dann gibt es die Menschen, die wie selbstverständlich nebeneinander her leben, sich und ihrem Glück selbst im Weg stehen und die wertvolle Zeit, die wir hier auf dieser Welt miteinander haben, verstreichen lassen.

Du hast die Wahl. Liebst du diesen Menschen an deiner Seite? Liebst du seine Macken genauso wie seine Stärken? Kannst du ihn annehmen, so wie dieser Mensch eben ist?

Warum bist du mit diesem Menschen zusammen? Weil es bequem und gewohnt ist? Oder weil du dir nicht vorstellen kannst, ohne ihn zu leben? Wer bist du ohne ihn? Wer bist du mit ihm?

Ich treffe meine Entscheidung für Markus nicht, weil ich keine Wahl habe. Sondern weil es alternativlos ist. Denn auch dann, wenn er mich wirklich auf die Palme bringt, kann ich mir ein Leben ohne ihn nicht vorstellen. Das liegt nicht an meiner mangelnden Vorstellungskraft oder weil ich es kaum anders kenne, sondern daran, das es einfach tiefe Liebe ist. Und diese Liebe feiere ich, solange sie hält. Das ist einfach das, was wir nicht in der Hand haben. Wo jeder von

uns vertrauen darf. Loslassen. Wir können es nicht kontrollieren, wen wir lieben, wie lange wir lieben. So ist das mit der Liebe. Und wenn wir unsere Bewertungen, ob das gut oder schlecht, richtig oder falsch ist, rausnehmen, können wir uns vielleicht etwas besser auf sie einlassen.

Wenn ich etwas erlebe, möchte ich es mit dir teilen

Vor ein paar Jahren saßen eine Freundin und ich abends auf ein Glas Wein zusammen. Wir trafen uns bei mir, weil ich, wie immer, unter der Woche mit den Kindern alleine war und keinen Babysitter hatte. Sie fragte mich: „Ist es nicht blöd, dass du unter der Woche mit allem alleine dastehst? Dass Markus dir nicht helfen kann?“ In diesem Moment wurde mir klar, dass es nicht die Hilfe war, die mir fehlte. Sondern dass ich so viele Momente mit den Kindern alleine erlebte und mich nicht mit Markus darüber freuen konnte.

Als Alexandra ungefähr eineinhalb war, wechselte Markus den Job und war für ein paar Wochen unter der Woche abends zu Hause. In dieser Zeit wurde uns bewusst, wie viel er normalerweise verpasst. Wenn unsere Tochter etwas neu konnte, wenn sie sich so sehr über Kleinigkeiten freute, an jeder Blume riechen musste, neue Worte sprechen konnte. Es war so schön, diese Momente gemeinsam zu genießen. Und das hat sich bis heute nicht geändert. Wenn ich etwas Schönes erlebe oder sehe, ist mein erster Gedanke: Das muss ich unbedingt Markus erzählen. Schöne Momente gemeinsam erleben. Das ist für uns ein Nonplusultra. Der Moment ist vollkommener – gemeinsam.

So oft beschäftigen wir uns im Alltag mit Nonsens und Kleinigkeiten. Dabei sollten wir uns doch viel mehr darauf konzentrieren, gemeinsam schöne Momente zu genießen. Miteinander zu teilen.

2016 habe ich mich alleine auf den Weg in die Berge gemacht. Es waren viele Umstände, die dazu geführt haben, dass ich meinen ersten Skiurlaub nach langer Abstinenz alleine erlebt habe. Es war so traumhaft. Die Berge, der Schnee und überhaupt, das Ski fahren. Ich habe meine Zeit dort so sehr genossen. Doch etwas hat mir gefehlt: Diese Momente mit Markus zu teilen. Mir wurde da sehr bewusst, wie gerne ich ihn bei mir habe. Wie schön es ist und wie gut es uns tut, solche gemeinsamen Momente zu erschaffen und sie miteinander zu genießen. Als ich da alleine in den Bergen war, wurde mir klar, dass ich das auch gerne mit ihm erleben möchte.

In unserem Alltag hat kein Urlaub gefehlt. Wir haben uns nicht bewusst nach etwas gesehnt. Wir hatten uns daran gewöhnt, den Alltag zu meistern, wir haben uns hin und wieder Zeit für uns genommen. Das war okay. Doch das war es auch schon: okay.

In den Tagen in den Bergen merkte ich, dass okay mir einfach nicht reicht. Dass auch die Momente, die wir gemeinsam erleben und fernab vom Alltag sind, wesentlich glücklicher machen. Wir bauen über diese Erlebnisse und gemeinsamen Momente eine so viel tiefere Verbundenheit auf. Sicher, die kleinen Dinge im Alltag sind auch schön. Doch gemeinsame Erlebnisse sind mit Geld nicht zu bezahlen.

Und wenn du jetzt denkst, dass du dir keine Urlaube oder Erlebnisse leisten kannst, dann überlege stattdessen mal in Möglichkeiten. Was könntet ihr denn tun?

Hast du dir schon einmal angeschaut, wie die Sonne auf- oder untergeht? Hast du schon mal eine Fahrradtour durch eine völlig unbekannte Gegend gemacht? Hast du schon mal im Wald oder auf einer Wiese gepicknickt? Gemeinsam Zeit in der Natur zu verbringen verbindet. Es nährt eine Beziehung, schöne Momente gemeinsam erleben und liefert Gesprächsstoff.

Bewusst „fehlte" uns nichts. Es war „eigentlich" alles da. Ich vergleiche das gerne mit meinem absoluten Soulfood Sushi. Mir fehlte es nicht. Ich wurde auch von anderen Lebensmitteln satt. Bis ich es ausprobiert habe und festgestellt habe, wie köstlich es ist. Ich muss jetzt nicht jeden

Tag Sushi essen – dann wäre es auch nichts Besonderes mehr. Doch ich freue mich immer riesig, wenn ich die Gelegenheit dazu bekomme, und genieße jeden Bissen. Obwohl Markus überhaupt keinen Fisch mag, begleitet er mich ab und an zu meinem Lieblingsjapaner. Er lacht sich jedes Mal darüber schlapp, wie sehr ich mich über diese kleinen Röllchen freue und wie ich sie genieße. Und mir macht es Spaß, dass er mich dabei beobachtet und ich diesen Moment so mit ihm teilen kann.

Gemeinsame Momente werden allerdings erst dann zu einem gemeinsamen Erlebnis, wenn wir sie wirklich miteinander erleben und nicht nur jeder für sich. Ein erster und sehr wichtiger Schritt, den du bzw. ihr jetzt gehen könnt, um gemeinsame Momente zu erleben, ist es deshalb, das Smartphone wegzulegen. Einander ohne Ablenkungen unsere volle Aufmerksamkeit zu schenken, ist unfassbar schön. Das gilt nicht nur für Paarbeziehungen. Ich frage mich immer wieder, wann das passiert ist, dass das Smartphone allgegenwärtig wurde. Ich meine, wie unhöflich ist das denn? Ich fühle mich jedenfalls nicht unbedingt wohl, wenn mein Partner oder wer auch immer ständig mit seinem Handy beschäftigt ist.

Kürzlich habe ich ein altes Interview von Alfred Biolek mit Karl Lagerfeld gesehen. Alfred Biolek fragte Karl Lagerfeld: „Schreiben sie E-Mails?"

„E-Mails? Ich? Nein. E-Mails sind gefährlich. Ich schreibe nur Fax und alles andere machen meine Assistenten."

Dann die nächste Frage: „Haben sie ein Handy?"

Empörtes Augenbraunzucken der Modeikone. „Mobil? Ich? Nein. Wer bin ich denn? Ständig piepst es nach einem. So wie früher in einem Hotel, wenn man nach dem Pagen geklingelt hat. Als wäre man Angestellter oder Hausmädchen und ständig bimmelt jemand nach einem."

Ein durchaus interessanter Vergleich, findest du nicht? Immerzu klingelt es nach einem. Ständig wollen andere Menschen etwas von einem. Und für alle ist man ständig da. Ich halte das für nicht gesund. Und es ist sicherlich nicht förderlich, wenn wir uns einander nahe fühlen wollen.

Wir haben hier auf Erden nichts Wertvolleres als unsere Zeit. Mich macht es glücklich, wenn Menschen mir ihre Zeit schenken und auch, wenn ich anderen meine Zeit schenke. Sei achtsam mit deiner Zeit und sei achtsam mit dem Geschenk der Zeit, das dir gemacht wird.

Einander strahlen lassen

Wenn du jemanden fragst, was er oder sie an sich mag, ist oft erstmal großes Schweigen angesagt. Wir kennen unsere Mankos ganz genau, aber unsere Schönheit und unser Strahlen nehmen wir häufig nicht

wahr. Andere sehen wir meist mit weniger kritischen Augen als uns selbst, das gilt auch für unseren Partner. Es ist schon spannend oder? Selber empfinden wir unseren alternden Körper vielleicht als Makel, doch dem Partner sind die Falten oder die grauen Haare noch gar nicht aufgefallen, oder sie sind ihm einfach egal. Gemeinsam älter zu werden, ist gleichermaßen spannend und herausfordernd. Denn nicht nur unsere Körper verändern sich, auch unsere Einstellungen und unser Sexappeal. Wir hauen unseren Partner heute auf ein völlig andere Art und Weise um als früher.

Hast du schon mal darüber nachgedacht, was dein Partner an dir anziehend findet? Oder welche Signale du aussenden musst, um ihn anzumachen? Oder andersherum: In welchen Momenten ist dein Mann für dich unwiderstehlich? Und bitte sag jetzt nicht, dass es das nicht gibt. Es wird da sein. Vielleicht tief vergraben unter Meckern und Macken, die dir auf den Sender gehen. Aber wenn du das alles mal weglässt: Was bleibt dann? Wen siehst du dann? Welche Gesten bringen dich zum Lächeln? Was lässt dich denken: Ja, dich nehme ich mit nach Hause, Baby?

Mein Mann im schnieken Dreiteiler, das hat schon was. Wenn er dann so im Türrahmen steht, denke ich schon mal: Alter Falter ... Wenn er auf dem Stand-Up Paddel steht, empfinde ich seinen Anblick als sehr sexy. Es ist nicht nur das Äußere, was sexy macht. Die Ausstrahlung ist so wichtig. Zufriedenheit, die aus allen Poren kommt, ist für mich nicht zu toppen.

Ich habe hübsche und durchaus sexy Männer gesehen, die aber so eine Arroganz und Unzufriedenheit ausstrahlten, dass auch ihr blütenweißes Hemd nicht darüber hinwegstrahlen konnte. Ich habe Frauen

gesehen, die eigentlich fantastisch aussahen, deren Unzufriedenheit sich aber so stark in ihrer Ausstrahlung widerspiegelte, dass ihre Wirkung eher abstoßend als anziehend war.

Die Frage, die wir uns immer wieder stellen dürfen ist:

Was lässt uns strahlen? Was macht uns Freude? Wo geht mir das Herz auf?

Wenn wir unseren Sexappeal stärken wollen, sollten wir den Fokus von den Mankos wegnehmen und uns auch nicht ausschließlich auf den Körper beschränken.

Ein Mensch wird automatisch wunderschön, wenn er oder sie in ihrer Kraft ist und das tut, was sie liebt. Ist eine Frau, die gerade voller Freude und Liebe den Garten umgräbt und dabei voller Schweiß und Dreck ist, nicht unfassbar anziehend? Ist ein Mann, der gerade mit Freude und Liebe einen Pizzateig knetet und überall voller Mehl und Teig ist, nicht total sexy?

Es gibt so viele Situationen, die uns sexy und anziehend machen. Sollten wir nicht viel mehr Wert darauf legen, genau davon mehr zu haben? Dann dürfen wir also schauen, was genau es ist, das uns zum Strahlen bringt. Was bereitet mir Freude? Was bereitet ihm Freude? Und die Gamechanger-Frage: Was bereit uns Freude?

Warum tun wir davon so wenig? Warum sind wir so beschäftigt damit, uns gegenseitig aufzuzählen, was man am anderen nervig findet oder an sich selbst? Warum sind wir so beschäftigt, Dingen nachzugehen,

die uns weder Freude machen noch erfüllen? Nur weil man es halt so macht? Nur weil es immer so war?

Frag deinen Partner, wann er dich zum Anbeißen findet. In welchen Momenten du ihn völlig von den Socken haust. Weißt du, wie schön es ist, wenn du nichts Besonderes tust und eigentlich nur bist und dir sagt jemand: „Nach all den Jahren bin ich immer noch hin und weg von dir?“ Da läufst du nicht mehr, du schwebst. Das ist so schön. Und gib diese Komplimente zurück.

Meine Kundin Tanja war so angenervt von ihrem Mann und er von ihr. Die Dinge, die ihnen Freude bereitet haben, waren an fünf Fingern abzählbar und dafür war im Alltag auch einfach kein Platz. Ihr fehlte es an Küssen, Umarmungen und auch an Sex. Er ging abends grundsätzlich vor ihr ins Bett und schlief schon, wenn sie ins Zimmer kam. Es herrschte großer Frust. Als ich Tanja fragte, was sie so nerve an ihrem Mann, antwortete sie: „Es ist alleine wie er atmet. Wie er existiert.“

Krasse Aussage, findest du nicht? In unseren Gesprächen ging es mehr als einmal um das Thema Trennung. Sollte sie gehen oder bleiben? Eine Ehe retten, die so voller Frust ist? Das war ein schwieriges Unterfangen.

„Wenn du jetzt einfach gar nichts entscheiden müsstest, wenn du jetzt einfach den Zustand annimmst, so wie er ist. Wenn es jetzt gerade gar nicht um die Frage geht, ob du gehen oder bleiben sollst. Sondern wenn es darum geht, einen Tag mit schönen Momenten zu füllen. Wenn es darum geht, mehr Lächeln in den Tag zu bringen. Was wäre dann der erste Schritt?“

„Ich bräuchte etwas mehr Abstand. Vielleicht könnten wir in unterschiedlichen Zimmern schlafen, dann bin ich wenigstens nicht jede Nacht enttäuscht, dass von ihm nichts kommt.“

„Und er muss nicht enttäuscht sein, dass von dir nichts kommt?“, fragte ich.

„Wie meinst du das denn? Er schläft doch immer schon.“

„Wie oft hast du ihm die kalte Schulter gezeigt und ihn mit Liebesentzug bestraft, weil etwas nicht so gelaufen ist, wie du das wolltest?“

„ Ja, ich kann ihn nicht in den Arm nehmen, wenn nicht alles gut ist. Es fällt mir total schwer, Nähe zuzulassen, wenn ich Stress habe.“

Auch wenn wir es nicht gerne hören wollen: Die meisten Situationen sind das Ergebnis unserer Handlungen. Jede:r trägt die Verantwortung für den Ist-Zustand.

Tanja zog in eins der leeren Kinderzimmer. Ihr Mann war überrascht. Sie erklärte ihm, dass sie ein bisschen Abstand brauche. Diese räumliche Distanz tat ihr gut. Ihm wahrscheinlich auch. Denn nun waren die Erwartungen anders.

Sie brachten langsam und auch recht mühsam wieder mehr Lachen in den Tag. Tanja hat Dinge getan, die ihr gefallen haben. Sie haben beide Aktivitäten vorgeschlagen, die ihnen beiden gut taten. So gingen sie auf einmal abends mal wieder in die Kneipe in der Stadt. Am liebsten, wenn dort Live Musik gespielt wurde. Das mochten beide schon immer gerne. Ein Bier, jemand der Gitarre spielte, das reichte schon. Dabei fühlten sie sich beide wohl.

Ich schlug Tanja zudem vor, mit den Vorwürfen aufzuhören. Erst für einen Tag. Dann für eine Woche. Dann für einen Monat. Und es funktionierte. Sie hörten auf, aneinander rumzumeckern. Die Frau, die schon

allein davon genervt war, wie ihr Mann atmet, lächelte ihm nun zu, wenn er zwei volle Teller zur ihr an den Tisch manövrierte. Sie sagten sich wieder gute Nacht. Sie küssten sich wieder richtig – nach Jahren.

Eines Abends saß Tanja an der Küchentheke, an ihrem Kleid war der Reißverschluss offen. Als ihr Mann durch die Hintertür hereinkam, drehte sie sich kurz zu ihm um, lächelte ihn an und meinte: „Hi, schön dass du da bist.“ Er nahm das offene Kleid wahr, ging rasch auf sie zu und drehte ihren Küchenhocker zu sich. Dann schob er wie selbstverständlich seine Hand unter ihr Kleid. Sie fielen an Ort und Stelle übereinander her. Sie hatten beide so ein großes Verlangen nacheinander, dass riss ihnen buchstäblich die Füße weg. Sie kannten diese Anziehung, dieses Verlangen überhaupt nicht mehr. Aber es war die ganze Zeit da. Es war nur begraben unter einem großen Berg aus Unzufriedenheit.

Wenn du in deiner Beziehung an einem Punkt bist, wo Verlangen ein Fremdwort ist, wo du dich weder sexy fühlst noch deinen Partner sexy findest, dann hör auf zu grummeln. Grummeln, meckern und motzen ist so abtörnend. Verändere den Fokus. Bring Freude in dein Leben. In euer Leben. Bringt wieder Lachen in euer Leben. Ihr solltet euch das wert sein.

Eine hilfreiche Übung dafür: Schreibt eine Liste mit Dingen oder Menschen, die euch glücklich machen. Fangt vielleicht erst mal mit drei Sachen an. Weitet diese Liste dann aus auf Dinge, mit denen ihr euch glücklich macht. Und auf Eigenschaften des Partners bzw. der Partnerin: Was mögt ihr aneinander? Was bringt euch zum Lachen?

Es gibt keine Besitzansprüche

Wenn wir von unserem Partner oder unserer Partnerin sprechen, dann sagen wir oft ganz selbstverständlich „mein Mann“ oder „meine Frau“. Es ist fest in unserem Wortschatz verankert, auch in meinem. Aber wir müssen aufpassen, wie dieser Ausdruck interpretiert wird. Die Aussage „Das ist meins“ impliziert, dass etwas im Besitz oder Eigentum der sprechenden Person ist. Sie wird oft verwendet, um zu zeigen, dass eine Person einen Anspruch auf etwas oder jemanden erhebt. Die Redewendung wird umgangssprachlich auch verwendet, um etwas als persönliches oder individuelles Eigentum zu bezeichnen und den Besitz gegenüber anderen Personen zu verdeutlichen. Aber ist das der

richtige Ausdruck für den Partner, die Partnerin? Können wir wirklich Besitzansprüche geltend machen? Nicht wirklich, oder? Wir besitzen keine Person. Sie gehört uns nicht. Das ist uns oft nicht bewusst, wenn wir diesen Ausdruck verwenden.

Wenn wir uns Fremden gegenüber vorstellen oder auch hier im Buch sage ich: mein Mann. Dabei müsste ich eigentlich sagen: Markus. Er ist nicht *mein*. Genauso wenig wie ich ihm gehöre. Vielleicht kommt dir das jetzt etwas kleinkariert vor. Schließlich wissen wir ja, dass wir im Grunde genommen niemandem gehören. Dieses „das ist meins" ist so patriarchisch, so antiquarisch. Aber ist uns das tatsächlich bis in letzter Konsequenz klar, was das bedeutet bzw. nicht bedeutet?

Ich glaube, wir dürfen uns viel mehr bewusst werden, dass wir niemanden besitzen. Weder den Partner oder die Partnerin, noch Kinder, Freund:innen und sonst irgendeinen Menschen.

Jede:r ist ein freier Mensch. Lasst uns danach handeln. Lass uns unsere Partner und Partnerinnen so behandeln.

Dieses Besitzdenken impliziert auch, dass wir denken, dass wir an Anrecht auf das Denken bzw. das Verhalten des anderen hätten. Das ist ein großer Fehler. Wir haben kein Anrecht auf irgendetwas des anderen. Denn dass wir unser Leben teilen, ist ein Geschenk. Ein Geschenk einer anderen Person an mich. Und umgekehrt.

Bist du ein eifersüchtiger Typ? Eifersucht ist ein Gefühl, das auftritt, wenn eine Person Angst hat, den emotionalen oder romantischen

Bezug zu einer anderen Person zu verlieren oder teilen zu müssen. Es ist ein komplexes Gefühl, das mit Unsicherheit, Besitzansprüchen und Vergleich mit anderen einhergehen kann. Eifersucht ist nicht immer rational oder gerechtfertigt. Sich aus diesem Besitzanspruchsdenken zu lösen, ist auch sicher nicht ein Allheilmittel gegen die Eifersucht. Aber es ist ein wichtiger Schritt. Denn wenn du weißt, dass dir niemand gehört, brauchst du auch keine Angst zu haben, dass du jemanden verlierst.

Hört sich zu simpel an? Dann lass mich diese Schlussfolgerung bitte noch etwas genauer beleuchten.

Durch unsere Fernbeziehung waren Markus und ich häufig getrennt voneinander. Unter der Woche ist Markus viel mit seinen Kollegen und Kolleginnen unterwegs gewesen. Das so anzunehmen war nicht immer einfach für mich. Aber ihm nicht zu vertrauen, wäre noch viel schlimmer gewesen. Wie hätte ich ihn denn montags fliegen lassen sollen, wenn ich die ganze Woche angstvoll und eifersüchtig gewesen wäre?

Eine Freundin fragte mich mal, ob mir das nichts ausmachen würde und ob ich keine Angst habe, dass er fremdgehen würde. Meine Antwort war: „Nein, ich habe keine Angst, dass er fremdgeht. Weil ich es einfach gar nicht verhindern könnte. Ich wäre traurig, weil es für uns dann nicht gereicht hat."

Mir klarzumachen, dass Markus mir nicht gehört und ich keinen Anspruch auf ihn habe, war ein guter Ansatz. Er ist schließlich aus freien Stücken bei mir und ich bei ihm. Diese Sicht hat uns das Leben sehr viel leichter gemacht.

Was gut ist, wird bleiben. Und wenn es nicht bleibt, dann war es nicht gut.

Führe dir einmal bewusst vor Augen, dass du niemanden besitzen kannst. Dass du nicht kontrollieren kannst, wie sehr dich jemand liebt. Und dass du auch dein Herz nicht schützen kannst, indem du versuchst, die Kontrolle über jemanden zu haben.

Jede:r ist frei. Auch ein Paar besteht aus zwei freien Menschen. Ich persönlich bin einfach nur dankbar, dass der Mann an meiner Seite immer noch gerne an meiner Seite ist. Denn ich bin auch sehr gerne an seiner Seite. Wie empfindest du das?

Unsere Fehler sind Vergangenheit

Die ersten Momente eines Coachingprozesses bestehen aus Erzählungen. Das ist für mich sehr wichtig, um mir ein Bild machen zu können. Also lasse ich meine Kundinnen erst einmal reden. Völlig ungefiltert. Viele müssen das, was sie so erlebt haben, auch auf diese Art und Weise verarbeiten, weil im Alltag oft weder Raum noch Zeit dafür ist.

Um zu wissen, wie es in die Zukunft gehen soll, müssen wir das Vergangene verstehen. Ich würde sogar noch weitergehen. Wir müssen nicht nur das Vergangene verstehen, sondern auch Vergangenes verzeihen. Und es dann loslassen.

Für meine Klientin Hanna war das sehr schwer. Sie hat ein Coaching bei mir gebucht, weil sie das Gefühl hatte, in ihrem Leben nicht vorwärts zu kommen. Sie war Mitte Dreißig, verheiratet, Mutter von drei Kindern und ging stundenweise arbeiten. Es war von außen betrachtet alles gut, aber für sie fühlte es sich nicht so an.

Hanna bezeichnete ihre Beziehung als sehr einseitig. Ihr Mann war sehr beschäftigt mit dem Job, seinem sozialen Engagement und den handwerklichen Projekten, die es in dem alten Haus, in dem sie wohnten, immer gab. Zweisamkeit musste Hanna sehr einfordern und das wertete sie wiederum als mangelndes Interesse ihres Mannes.

„Er ist so mit sich beschäftigt, er merkt gar nicht, dass ich auch da bin und Bedürfnisse habe. Dass ich ihn auch körperlich vermisse, das versteht er gar nicht."

„Also, wenn du ihn in den Arm nimmst oder ihr zusammensitzt, dann ist er abweisend?"

„Nein, nicht sofort. Es entwickelt sich einfach in die falsche Richtung. Wir liegen uns im Arm oder unterhalten uns und ich habe das Gefühl, er öffnet sich mir und ich bin aufnahmefähig. Wenn ich dann anfange mit ihm zu sprechen, macht er sofort zu wie eine Auster."

„Worüber sprecht ihr denn?", fragte ich.

„Naja, erst sind es oft die oberflächigen Themen … Wäsche, wer bringt wann welches Kind wohin, was muss als nächstes gemacht werden. Dann kommen wir aber oft und sehr schnell auch auf Themen, die nicht so gut gelaufen sind. Wie zum Beispiel das Verhältnis zu unseren Eltern. Das ist auf beiden Seiten sehr belastet und es passieren oft so Kleinigkeiten, die mich bzw. uns auf die Palme bringen. Und dann sind wir auch wieder ganz schnell bei den großen Themen, die nicht so gut gelaufen sind."

„Es gibt also Themen mit euren Eltern, die einfach noch im Raum stehen?"

„Nein, ich würde jetzt nicht sagen, dass die im Raum stehen. Sie sind ja schon lange her und das ist jetzt auch okay. Doch irgendwie muss ich ihm, auch bei den Kleinigkeiten, die so am Tag passieren, immer wieder sagen, was okay ist und was nicht. Weil, er merkt das nicht. Und damit hat er mir damals sehr wehgetan."

„Magst du mir ein Beispiel geben?"

„Wir haben ja nach unserer ersten Tochter Zwillinge bekommen. Die Schwangerschaft war heftig, ich musste mich schon früh schonen, teilweise sogar viel liegen, weil eine Frühgeburt drohte. Das war nicht so einfach, weil wir ja schon ein Kind hatten, das versorgt werden musste und mit zwei Jahren brauchte sie auch noch einiges an Unterstützung. Frank war in der Zeit sehr überfordert mit dem Renovieren des Hauses, der Betreuung des Kindes und dem ganzen Haushalt, der gemacht werden musste. Da haben meine und seine Eltern ihre Hilfe angeboten. Was grundsätzlich auch sehr toll war. Allerdings wurde die Hilfe dann immer übergriffiger. Sie kamen und gingen, ohne sich an- und abzumelden."

Es stellte sich heraus, dass da viele Dinge von den Eltern sicherlich gut gemeint waren, die aber bei Hanna weniger gut ankamen. Sie war ständig dabei, Grenzen zu setzen, sich zu erklären und zu rechtfertigen. Frank sah das alles nicht so eng und konnte viele Punkte nicht nachvollziehen. „Er ist mir auch vor den Eltern in den Rücken gefallen, indem er mir zugeraunt hat, ich solle mich mal nicht so anstellen. Das hat tiefe Spuren hinterlassen. Deshalb sprechen wir da oft drüber, weil ich möchte, dass er endlich versteht, was er mir damit auch angetan hat."

Das ist auf jeden Fall nachvollziehbar. Da war eine Menge schief gelaufen.

„Habt ihr denn mal mit jemandem darüber gesprochen und das aufgearbeitet? Denn es scheint ja schon noch ein sehr schmerzhaftes Thema zu sein," merkte ich an.

Hanna verneinte. Zu einer Paartherapie würde ihr Mann nicht mitgehen. Er hielt von dem ganzen sowieso nichts. Und ich läge auch falsch. Das Thema sei nicht schmerzhaft. Es sei ja auch schon lange her.

„Warum sprichst du denn dann dauernd davon?"

„Na, damit es nicht noch mal passiert." Hanna schaute mich verwundert an.

„Hast du Angst davor?"

„Ja, klar. Wir renovieren unser Haus aus dem 18. Jahrhundert ja ständig. Irgendwo ist immer etwas zu tun. Und da unterstützen uns unsere Eltern und auch Freunde regelmäßig. Ich möchte nicht, dass wieder Grenzen überschritten werden. Und Frank sieht das nicht so eng wie ich. Er ist mir einmal in den Rücken gefallen. Das darf nicht ein weiteres Mal passieren."

„Und das wirst du ihn offensichtlich auch nie vergessen lassen, dass er einen Fehler gemacht hat. Wieder und wieder holst du das auf den Tisch. Du vertraust ihm nicht, dass er aus seinem Fehler gelernt hat. Du lässt dich von der Vergangenheit beherrschen."

„Ja, aber wie soll ich denn erkennen, dass alle sich jetzt an die Grenzen halten, die mir einfach wichtig sind. Muss ich es denn ertragen, dass einfach ohne zu fragen durch unsere Schlafräume gelaufen wird? Muss ich es denn hinnehmen, dass alle einfach auf einmal bei uns im Wohnzimmer stehen? Deshalb streiten wir da so oft drüber. Weil er

es einfach nicht versteht. Und ich möchte nicht, dass er mir noch mal so wehtut."

Hannas Gefühle sind absolut verständlich, aber kontraproduktiv. Wir machen alle Fehler. In einer Partnerschaft passiert es, dass der eine dem anderem weh tut. Unbeabsichtigt. Sätze, Handlungen oder auch Einstellungen treffen unsere:n Partner:in auf eine Art und Weise, wie man es selbst nicht hätte erkennen können. Ich sage nicht, dass wir das einfach hinnehmen müssen. Auf keinen Fall. Sich selbst und auch die Situation zu reflektieren, ist wichtig und sehr hilfreich.

Doch wir dürfen nicht vergessen, dann weiterzugehen. Es bringt uns nicht weiter, diese Momente immer und immer wieder zu durchleben, getrieben von der Angst, dass das noch mal passiert. Auf das Erleben und wieder Durchleben sollte ein weiterer Schritt folgen: das Verzeihen und Verarbeiten. Denn sonst passiert das, was meine Oma immer so kommentierte: „Die schmieren sich ständig die alten Kamellen wieder aufs Brot!"

Ich glaube nicht, dass es einer Beziehung guttut, Vergangenes immer wieder zu besprechen und zu diskutieren. Stattdessen gemeinsam etwas zu verarbeiten und loszulassen, auch mit fachlicher Unterstützung, wäre für viele Paare sicher hilfreicher.

In Hannas Fall war es wichtig, dass sie über das Erlebte sprach. Aber halt nicht mit Frank. Nicht in der Intensität. Für ihn war vieles schon lange geklärt und dadurch, dass sie die in seinen Augen alten Storys ständig wieder erwähnte, fühlte er sich immer wieder unfähig und schlecht. Schließlich war es überhaupt nicht seine Absicht, Hanna wehzutun. Er musste sich das auch erst einmal selbst verzeihen. (Und das ist noch viel schwieriger, als jemanden anderen zu verzeihen.) Es war, als ob sie ständig in einer Wunde rumbohrte, die dadurch keine Chance hatte zu heilen.

Indem Hanna mit mir über das sprach, was geschehen war, begann sie, die Verletzungen aufzuarbeiten. Sie begann, sich auch zu entspannen, wenn ihre Eltern oder Schwiegereltern da waren. Zuvor war sie immer angespannt und erwartete jeden Moment eine neue Katastrophe.

Und sie setzte Grenzen, auch gemeinsam mit Frank. Sie haben die Hintertür abgeschlossen. Das war zwar etwas nervig, aber so konnte niemand mehr ungefragt oder unbemerkt ins Haus kommen. Sie trafen auch klarere Absprachen. Wenn sich zum Beispiel Hannas Vater zum Helfen ankündigte, bat sie ihn zu klingeln und im Flur auf Frank zu warten. So lief er nicht mehr durch das gesamte Haus, um Frank zu suchen.

Solche neuen Regeln aufzustellen und umzusetzen, ist nicht immer einfach. Doch es ging. Dafür musste Hanna Frank auch nicht mehr

ständig an das erinnern, was passiert war, und ihn damit immer wieder aufs Neue verletzen.

Wir alle machen Fehler. Denn wir sind Menschen – und somit menschlich. Und ganz egal, wie groß, wie schwer, wie gewichtig diese Fehler sind, es gibt nur zwei Möglichkeiten: entweder verzeihen wir und akzeptieren oder wir lassen es bleiben. Jemandem immer wieder einen Fehler unter die Nase zu reiben und immer auf der Vergangenheit rumzukauen, macht auf Dauer krank und einsam. Dabei hat Verzeihen nichts mit Vergessen zu tun. Ein gutes Gedächtnis ist toll. Ich freue mich darüber, dass ich mir Ereignisse, Dinge, Personen etc. gut merken kann. Es ist allerdings auch ein Fluch, weil es mir schwer fällt, manches zu vergessen. Doch ich muss es nicht vergessen. Ich darf mich daran erinnern. Auch an die Tatsache, dass es vergangen ist und ich nichts mehr daran ändern kann. Mir nimmt das die Dramatik.

Ich hatte mal eine Bekannte, die hat mir ständig Sachen von früher unter die Nase gerieben.

„Weißt du noch damals, da bist du viel zu spät gekommen und ich musste so lange auf dich warten.“ Ehrlich? Das ist super nervig. Ich habe dann immer nur gedacht und (leider) nicht gesagt: „Glaubst du, ich habe den Mist vergessen, der zwischen uns schiefgelaufen ist? Glaubst du, ich weiß nicht mehr, wie oft ich auf dich gewartet habe? Aber das ist vorbei und ich muss dir das auch nicht ständig vorhalten.“

Fällt es dir schwer, Geschehenes loslassen und zu verzeihen? Dann schau mal genauer hin, was da noch verarbeitet werden möchte. Vielleicht hast du Verletzungen davongetragen, die dir immer noch

wehtun. Das ist okay. Nimm dir jemanden an die Hand und lass den Heilungsprozess beginnen.

Es immer und immer wieder deinem Partner oder sonst wem aufs Brot zu schmieren, bringt dich der Heilung nicht näher.

Die Angst möchte dich vor einer ähnlichen Situation beschützen. Doch die Angst weiß es nicht besser. Gib deinem Partner oder wem auch immer, vielleicht auch dir selbst, die Chance, aus der Erfahrung klug zu werden. Das geht. So funktioniert lernen. Du entscheidest, wie du mit einem Fehler umgehen möchtest.

Hanna hat sich entschieden, dass Frank damals nach bestem Wissen gehandelt hat. Dass er keine böse Absicht ihr gegenüber hatte. Er wollte ihr nie wehtun. Deshalb durfte Hanna sich von dieser Geschichte lösen.

Andere Paare kämpfen mit weitaus schwerwiegenderen Dingen. Da gibt es Seitensprünge, Affären, Kuckuckskinder und vieles mehr. Doch es ist auch dann eine Entscheidung: verzeihen oder nicht. Und wenn du dich für das Verzeihen entscheidest, dann praktiziere es auch.

Wenn es Themen gibt, die du deinem Partner noch nicht so richtig verzeihen kannst und du keine professionelle Unterstützung möchtest, empfehle ich dir mein Buch „Sei die Liebe deines Lebens“. Dort findest du mehrere Übungen zum Thema Loslassen und Verzeihen.

Wenn du dein Vertrauen stärken möchtest, dann meditiere. Nimm dir Raum und Zeit, vielleicht auch für geführte Meditationen zum Thema Selbstliebe, Selbstvertrauen und Selbstbewusstsein (auf meiner Website kannst du dir kostenlos welche herunterladen).

Denn je mehr du dir vertraust, je klarer du mit dir bist, umso leichter kannst du Angst und Kontrolle loslassen. Die Angst und der Versuch, etwas zu kontrollieren, sind nur Schutzmechanismen deines Unterbewusstseins.

Du darfst dein Unterbewusstsein neu programmieren, sodass es keinen Schutz mehr benötigt. Der erste Schritt, sich von etwas zu lösen, beginnt halt immer bei dir selbst.

Gemeinsam die Welt entdecken

Unsere Welt ist so groß und so bunt, ich möchte so viel wie möglich davon sehen. Deshalb reisen wir sehr gerne. Doch es sind nicht nur fremde Orte, die mich immer wieder anziehen. Ich mag die Version meiner selbst, wenn ich auf Reisen bin und auch die Version von Markus im Urlaub. Woanders ist das Gras grüner, der Himmel blauer, die Sonne heller und das Leben leichter. Auf Reisen bin ich wesentlich unternehmungslustiger als zu Hause. Markus ebenso. Wir lieben es, gemeinsam neue Städte zu entdecken, Museen zu besuchen. Wir lieben es, die besten Kneipen und Restaurants aufzuspüren und auf Ausflügen die Natur zu entdecken.

Als wir vor kurzem für ein paar Tage in Dublin waren, sind wir einmal mit dem Zug an die Küste gefahren, um von einem Ort über einen Cliffwalk zum nächsten Ort zu laufen. Doch der Wanderweg war gesperrt. Allerdings schien diese Sperrung nur eine allgemeine Emp-

fehlung zu sein (so ähnlich wie rote Ampeln, da waren wir auch die einzigen weit und breit, die stehen geblieben sind). Jedenfalls kamen aus der Gegenrichtung jede Menge Wanderer und wir fragten, ob der Weg begehbar sei. Sie bejahten das und betonten, wie schön diese Wanderung ist. Da es die Tage davor nicht geregnet hatte und viele Menschen unterwegs waren, hielten wir das Risiko eines Steinschlags für eher gering – wir entschieden uns also, die Sperrung ebenfalls zu ignorieren.

Doch das bedeutete auch, dass wir den zweieinhalb Meter hohen Zaun überwinden mussten. Ich bin schon Jahren nicht mehr über einen Zaun geklettert. Wir haben uns angeschaut, wie die anderen das machten. Es war so viel einfacher als ich dachte – schwupps war ich auf der anderen Seite des Zauns. Ich bin eher ein Mensch, der sich an Regeln hält. Doch hier war es mir egal. Ich wusste von Anfang an, dass es sich lohnen würde. Da Irland sehr bergig ist, erstreckten sich auf der einen Seite die immergrünen Felder und auf der anderen die raue See und eine 50 Meter hohe Steilküste. Eigentlich mag ich die Höhe nicht unbedingt – doch auch das war mir egal.

Es gab auf dem Weg noch mehr Zäune, über die ich klettern oder unter denen ich hindurchrobben musste; sogar über einen kleinen Abhang musste ich balancieren – und es war mir egal. Ich war so im Moment, dass ich alle Bedenken vergessen habe. Ich habe mich vollkommen darauf eingelassen und bin über mich hinausgewachsen.

Irgendwann haben wir uns an den Rand einer Weide gesetzt und unsere mitgebrachten Sandwiches gegessen. Markus kam aus dem Kopfschütteln gar nicht mehr heraus. Das fand ich am besten an der Sache. Dass ich ihn immer noch überraschen konnte.

Wir haben so viele wunderbare Momente miteinander gehabt, in denen wir uns beide total wohl gefühlt und neu entdeckt haben. Uns in einem Pub auf englisch mit einem Paar aus Kalifornien zu unterhalten, das hatten wir bis dahin noch nie. Solche Erinnerungen, die wir geschaffen haben, beflügeln – jeden einzeln und uns gemeinsam.

Dabei ist der Gedanke für mich nicht nur, dass ich möglichst viel von dieser Welt sehen möchte. Ich möchte möglichst oft die Version von mir selbst sein, die ich ihm Urlaub bin.

Meine Kundin Estelle erzählte mir mal, wie sehr sie es liebt, mit ihrem Partner, mit dem der Alltag oft tricky ist, in Urlaub zu fahren, weil er unterwegs einfach viel attraktiver sei. Ich konnte sofort verstehen, was sie meinte. So oft lassen wir unseren Alltag von To-dos und Terminen bestimmen. Wir stehen so unter Druck, „abliefern" zu müssen, dass wir vieles nicht mehr sehen und schätzen können. Es ist nicht der Luxus, der einen Urlaub ausmacht. Es ist die Achtsamkeit, mit der wir unsere Umgebung und den Moment wieder wahrnehmen.

Miteinander verrückt sein

Diese attraktivere Version meiner selbst sein, das gelingt mir tatsächlich am besten mit Markus. Wir stecken uns mit verrückten Dingen an und brechen gemeinsam aus den To-dos aus. In dem Film „Charlies Tante" mit Heinz Rühmann, ist mir der Vermieter der beiden Junggesellen, die eine fiktive Party schmeißen, im Gedächtnis geblieben. Es geht an dem Abend drunter und drüber – und der gute Mann läuft ständig kopfschüttelnd durchs Bild und sagt: „Und das mitten in der Woche." Genau nach diesen Gedanken haben wir sehr lange gelebt.

Unter der Woche in eine Kneipe gehen? In Hamburg total normal, im Münsterland eher weniger. Macht man nicht. Unter der Woche spontan ans Meer fahren? Macht man nicht. Unter der Woche Sushi holen? Macht man nicht. Unter der Woche noch eine Runde wandern gehen? Macht man nicht. Unter der Woche sich mit Freunden treffen? Macht man nicht.

Markus und ich haben irgendwann die Wertung verändert. Es fing an, als ich 2018 Herzprobleme bekam. Nach der erfolgreichen Operation schwor ich mir, ab jetzt jeden Tag etwas Verrücktes zu tun. Es waren manchmal Kleinigkeiten, manchmal größere Sachen. Markus war anfangs irritiert. Dann begann er mitzumachen.

Dadurch haben wir angefangen, unser Urlaubsselbst mehr in unseren Alltag zu integrieren. Es ist und war spannend. Es klappt mal mehr, mal weniger. Ich mache nicht mehr jeden Tag etwas Verrücktes, aber oft. Es tut uns gut. Es bringt neuen Schwung in unser Leben. Vielleicht hält es uns auch jung. Ich mag es, morgens noch nicht zu wissen, was der Tag bringt. Ich mag es, wenn wir uns anschauen und in stummer Übereinstimmung wissen, was zu tun ist.

Diese innere Einstellung ist keine Frage des Geldes.

Wenn wir unsere Möglichkeiten ausschließlich an finanziellen Mitteln festmachen (Wer kann es sich schon leisten, ständig in Urlaub zu fahren? Wenn ich mehr Geld hätte, wäre es auch leichter, ab und zu spontan zu sein!) schränken wir uns selbst ein. Wer sagt denn, dass der schönste Urlaubsort in weiter Ferne liegen muss? Wer sagt denn, dass

man nur in einem Luxusresort eine wunderschöne Zeit und nur auf einer Safari die größten Abenteuer erleben kann?

Nimm dir eine Decke und fahre in den Park. Geht in einen Wald in eurer Nähe. Lege dich auf eine Lichtung und schaue in die Bäume. Setz dich an einem Fluss auf eine Bank und beobachte das Wasser. An vielen Flüssen gibt es sogar kleine Strände. Wir sind oft so sehr mit dem beschäftigt, was für uns alles nicht möglich ist, dass wir die Möglichkeiten, die vor uns liegen, leicht übersehen.

Glaubst du, dass die Pauschalurlauber, die in ihr All-inklusive-Hotel fliegen, das Hotel nicht verlassen, schon morgens die freien Drinks in sich hineinschütten und nur von Mahlzeit zu Mahlzeit leben, die besseren Erlebnisse haben, nur weil sie auf Mallorca oder in der Türkei sind? Es kommt nur darauf an, was ich bzw. wir daraus machen.

Während meiner Fortbildung auf Sylt habe ich mich mit einer Teilnehmerin besonders angefreundet. Abends sind wir oft mit einer

Flasche Flensburger vom Kiosk zum Strand gelaufen. Wir saßen im Strandkorb, haben dieses eine Bier getrunken, den Sternen zugeschaut, den Wellen gelauscht und bis tief in die Nacht gequatscht. Das war so wunderbar und so schön. Bis heute denke ich gerne daran und sitze, wann immer ich die Möglichkeit habe, super gerne einfach mit einer Flasche Bier (kann auch alkoholfrei sein) im Sand und schaue mir die Sterne an. Diese eine Erfahrung ist zu einer Tradition geworden.

Vielleicht ist die Herausforderung, jeden Tag etwas Verrücktes zu tun, etwas Unerwartetes und nicht Vorhersehbares, genau das Richtige für dich und deinen Partner. Vielleicht erinnerst du dich noch daran, dass ihr, wenn ihr den ganzen Alltagskram hinter euch lasst, wieder etwas von eurem Spirit zurückbekommt. Das heißt übrigens nicht, dass ihr dafür alleine sein müsst. Probiert es ruhig auch mit euren Kindern aus. Esst euer Freitagsgericht an einem Dienstag. Bleibt an der Brücke des Flusses stehen und lasst ein Holz- oder Blätterschiffchen fahren. Esst Eis zum Abendbrot, spielt im Park Fußball, obwohl zu Hause die Wäsche wartet.

Worauf wartet ihr? Auf den besten Zeitpunkt? Es wird ihn nicht geben. Nichts ist besser als JETZT.

Abends beim Zähneputzen frage ich mich hin und wieder, für welche schönen und bleibenden Erinnerungen ich an diesem Tag gesorgt habe. Was habe ich getan, was diesen Tag zu etwas Besonderem macht? Zu einem guten Tag? Wenn ich mir an ein paar Tagen hintereinander eingestehen muss, dass sich dieser Tag nicht sonderlich von dem gestrigen unterschieden hat, dann weiß ich, es wird Zeit.

Wo auch immer das mit uns hinführt

Alte Menschen, die gemeinsam tanzen, die Hand in Hand durch die Straßen schlendern, die auf einer Hollywoodschaukel sitzen und ihr Leben genießen – in solchen Bildern kann ich Markus und mich sehr gut sehen. Ich habe keine Ahnung, in welche Richtung wir gehen und welche Abenteuer das Leben noch für uns bereithält. Es wäre auch total verrückt, da Erwartungen zu haben. Wenn ich auf unsere gemeinsamen Jahre zurückschaue, übertrifft das alles, was ich mir je hätte vorstellen können. Ich hätte nie gedacht, dass wir so viel von der Welt sehen. Ich hätte nie gedacht, dass wir so gerne wieder nach Hause kommen.

Unsere Liebe bedeutet für mich, dass Markus mein Zuhause ist. Zuhause ist nicht nur irgendein Ort oder ein Raum, wo unsere per-

sönlichen Erinnerungen sind. Zuhause ist ein Gefühl. Es ist egal, wo sich dieser Ort befindet.

> Markus ist ein Hafen, wo ich immer einen Anlegeplatz finde, wenn ich nicht weiß, wohin.
>
> Markus ist mein Fels in der Brandung, wenn bei mir alles drunter und drüber geht.
>
> Markus ist mein Motor, wenn ich keine Kraft habe.
>
> Markus ist mein Ruhepol, wenn ich selbst nicht zur Ruhe komme.
>
> Markus bringt mich zum Lachen und rührt mich zu Tränen.
>
> Er überrascht mich genau in dem Moment, in dem ich denke, alles von ihm zu kennen.

Ob das für immer ist oder auch nicht. Ob wir die Welt bereisen oder einen festen Platz haben. Lass uns offen sein und bleiben.

Lass uns schauen, wohin unser Weg uns führt. Ich möchte nicht vorgefertigte Wege gehen oder heute schon wissen, wer wir in 50 Jahren sind.

Lass uns weiter unseren Weg gehen. Tanzen wir aus der Reihe. Denn darum geht es doch, oder?

Wie bei allem im Leben ist es scheißegal, was andere sagen oder denken. Es geht einzig und allein darum, glücklich zu sein. Es geht nur darum, dass wir jeder für sich und miteinander glücklich sind. Ob es unsere Zankereien sind, unsere Sticheleien, die Art, wie wir uns anschauen oder wie wir Hand in Hand gehen: Machen wir es auf unsere Weise. So wie wir uns dabei wohlfühlen. So wie es uns guttut.

Es hat eine gewisse Zeit gedauert, bis ich das verstanden habe. Doch mit dieser Erkenntnis, einfach zu schauen, wohin unsere Reise geht, ist mein Leben so viel leichter geworden.

Manchmal verhalte ich mich überhaupt nicht altersrelevant. Also manchmal bin ich noch so verrückt wie mit 15. Manchmal ist Markus wie ein Neunjähriger im Zuckerschock. Das ist okay. Das sind eben wir. Wir leben unser Leben nicht für andere, sondern nur für uns. Die Reise hat so viel Potenzial. Wieso sollten wir das eingrenzen, indem wir die Richtung vorgeben?

Klar, die Werte und die Visionen, die dürfen uns dabei helfen, einen Rahmen vorzugeben. Aber es macht nicht glücklich, immer alles bis ins kleinste Detail festzulegen und zu planen.

Auch wenn du vielleicht kein großer Fan der Spontanität bist, wie oft hattest du einen Plan und dann kam doch alles anders?

Ich habe Paare ihre Silberhochzeit feiern sehen, die dann ihren weiteren Lebensweg fest geplant hatten und auf einmal vor dem Amtsrichter zur Scheidung saßen. Und ich habe Paare gesehen, die gar nicht vorhatten, zusammen zu kommen und bis an ihr Lebensende ihren Weg gemeinsam gegangen sind.

Sich gemeinsam aufeinander einlassen. Sich gemeinsam führen lassen. Vielleicht auch mal die Führung für den anderen übernehmen. Den Weg gehen, den das Leben so liefert. Sich gegenseitig ein Zuhause sein. Das ist mein Plan vom Leben.

In manchen Seminaren und Weiterbildungen wird immer wieder nach einem Fünfjahresplan gefragt. Da breche ich in lautes Gelächter aus.

Weißt du, wo ich vor fünf Jahren war? Gerade aus der Prüfung der Heilpraktikerin für Psychotherapie, gerade die eigene Praxis eröffnet. Unsere Beziehung war auf einem ganz anderen Level als heute. Wenn ich mir anschaue, wie unser Leben aussah, der Alltag, die Reisen. Es hat sich so viel verändert, das hätte ich mich nie getraut in einem Fünfjahresplan aufzuschreiben.

Und wenn ich noch einen Schritt zurückgehe: Hättest du mir vor zehn Jahren gesagt, welche Zukunft vor mir liegt, wäre ich vor Lachen umgefallen. Ich hätte mir das alles nicht träumen lassen. Egal ob die Beziehung, die Familie, der Beruf, die Möglichkeiten. Es ist so viel schöner und besser geworden, als ich es für möglich gehalten hätte. Lass uns mit diesen Mist aufhören, wo du wann wie sein willst.

Lass dich vom Leben führen. Von dem, was es für dich bereithält.

Das ist, meiner Erfahrung nach, nämlich so viel mehr, als du erahnen kannst.

Du vervollständigst mich – weil ich schon vollständig bin

Wir haben jetzt so viele Blickwinkel verändert, so viele Perspektiven gewechselt, so viel über Ursache und Wirkung gelernt. Das sind auch alles sehr gute und hilfreiche Tools. Doch am allerwichtigsten ist die Einsicht, dass ich auch ohne meinen Partner ganz und gar vollständig und – Beziehung hin oder her – für mein Glück ganz allein verantwortlich bin. Ja, du liest schon richtig. Sowohl du als auch dein Partner, ihr tragt beide die Verantwortung für euer Glück.

So oft begegnen mir Frauen, die denken, dass der Mann für ihr Wohlergehen verantwortlich ist. Dass sie allein nicht vollständig und mit Partner mehr wert sind.

So oft begegnen mir Männer, die sich selbst als nicht männlich genug klassifizieren, weil sie keine Frau an ihrer Seite haben. Auch diese Männer haben ein großes Selbstwertthema.

Du ahnst gar nicht, wie viele Kundinnen mit dem Wunsch zu mir kamen, endlich ihren Traummann finden zu wollen. Die sich gefragt haben, wie sie sich den perfekten Partner in ihr Leben manifestieren können. Ich glaube, der richtige Mann oder die richtige Frau kommt, wenn wir dafür bereit sind. Das will natürlich kaum einer hören.

Richte den Blick da auf dein Inneres. Wie sehr bist du noch im „Brauchen?“ Kein Mensch „braucht“ einen Partner oder eine Partnerin. Jeder Mensch für sich ist vollständig, wertvoll und vollkommen. Wenn du das wirklich fühlst, kann ein Mann oder eine Frau kommen und neben dir den Platz einnehmen.

Im Idealfall brauchen sich zwei Menschen, die in einer Beziehung leben, nicht – aber sie ergänzen sich. Kennst du das Prinzip von Yin und Yang aus der chinesischen Philosophie?

Yin und Yang repräsentieren zwei gegensätzliche, aber dennoch zusammenhängende Kräfte oder Prinzipien. Yin steht für das Weibliche, Dunkle, Kalte und Passive, während Yang das Männliche, Helle, Warme und Aktive symbolisiert. Diese beiden Kräfte ergänzen sich und stehen in einem ständigen Wechselspiel miteinander.

Die Idee dahinter ist, dass nichts absolut ist. Alles in der Welt enthält sowohl Yin- als auch Yang-Elemente. Zum Beispiel gibt es keine absolute Dunkelheit oder Helligkeit, sondern verschiedene Abstufungen dazwischen. Yin und Yang sind auch nicht statisch, sondern wandeln sich und fließen ineinander. Das Symbol für Yin und Yang zeigt dies mit einer geschwungenen Linie, die in zwei gegensätzliche, aber harmonische Hälften geteilt ist.

Auf Partnerschaften kann es angewendet werden, um ein harmonisches Gleichgewicht zwischen den Partnern zu schaffen. Hier sind einige Wege, wie dies geschehen kann:

- Ergänzung: Partnerschaften können von der gegenseitigen Ergänzung von Yin und Yang profitieren. Wenn ein Partner zum Beispiel eher aktiv und entscheidungsfreudig ist (Yang), kann der andere Partner mit seiner ruhigen und einfühlsamen Natur (Yin) unterstützend wirken. Durch die Anerkennung und Wertschätzung der verschiedenen Stärken und Eigenschaften können sich die Partner gegenseitig ergänzen.

- Ausgleich: Das Gleichgewicht zwischen Yin und Yang in einer Partnerschaft ist wichtig. Wenn ein Partner übermäßig dominant oder kontrollierend wird, kann dies das Gleichgewicht stören. Es ist daher wichtig, Raum für beide Partner zu schaffen, um ihre Bedürfnisse, Interessen und Meinungen auszudrücken und zu respektieren.

- Kommunikation: Offene und ehrliche Kommunikation ist entscheidend, um das Gleichgewicht in einer Partnerschaft aufrechtzuerhalten. Indem man über die Bedürfnisse, Wünsche und Erwartungen spricht, können Missverständnisse vermieden und gemeinsame Lösungen gefunden werden.

- Flexibilität: Yin und Yang sind dynamisch und verändern sich im Laufe der Zeit. In einer Partnerschaft ist es wichtig, sich anzupassen und mit den

Veränderungen umzugehen. Indem man offen für neue Erfahrungen und Kompromisse ist, kann man eine flexible und harmonische Beziehung aufrechterhalten.

Das Konzept von Yin und Yang ist für mich ein wunderschönes Bild für Balance und Harmonie. Ein Gegenbild zu starren Rollen oder Stereotypen. Wir dürfen uns trauen, in die Balance zu kommen und uns zu ergänzen. Aus Mustern auszubrechen und auch die Veränderungen, die das Leben mit sich bringt, anzunehmen, statt an Altem festzuhalten.

Dass Markus und ich schon so lange zusammen sind, überrascht uns selbst am allermeisten. Wir sind so unterschiedlich und schwingen trotzdem auf derselben Wellenlänge.

Meine Oma sagte immer: „Gegensätze ziehen sich an." Und ich glaube, das passt sehr gut. Markus ist mein ruhiger Pool. Die beständige Komponente. Ich bin sein verrücktes Huhn. Schon immer gewesen. Und in Zeiten, in denen es mir schwer fällt, verrückt und flexibel zu sein, ist er es. In Zeiten, in denen er sich in wilde Fahrwasser gewagt hat, war ich der ruhigere und beständige Part.

Wenn es etwas gibt, was ich in den letzten 27 Jahren gelernt habe, dann, dass alles möglich ist und es kaum Worte gibt, die diese gemeinsame Reise ansatzweise beschreiben können.

Manchmal habe ich das Gefühl, wir beide legen jetzt erst richtig los. Wenn ich mir dann unsere Timeline anschaue und sehe, was wir bis heute zusammen erlebt und geschafft haben, wird mir ein bisschen flau im Bauch.

Ich bin für jeden Tag dankbar, den wir gemeinsam durchs Leben gehen. Unsere Toleranz, unsere Balance und natürlich auch die Liebe sind die Grundpfeiler von allem. Wir geben uns nicht miteinander zufrieden. Wir fordern uns. Wir ergänzen uns. Wir helfen einander, dass beide zur besten Version ihrer selbst werden. Denn wir wissen, dass wir gemeinsam nur so gut sind, wie jeder einzeln ist.

Keiner kann uns sagen, wie lange das andauert. Keiner kann uns sagen, ob diese Zeit wirklich ein Leben lang ist. Das ist auch gar nicht wichtig. Denn das, was wir hatten, kann uns keiner mehr nehmen. Aber ich hoffe sehr, dass diese gemeinsame Zeit nicht so schnell endet.

Es geht nicht darum, dich zu fragen, ob du „etwas Besseres", wie man so schön sagt, verdient hast. Es geht darum, dass du bzw. ihr euch dazu entscheidet, das Beste aus eurer Beziehung zu machen. Ich würde es mir sehr wünschen. Denn was diese Welt wirklich braucht, ist mehr wahre und wahrhaftige Liebe.

Zum Schluss

Du verdienst es, glücklich zu sein. Du verdienst es, die schönste und liebevollste Beziehung überhaupt zu haben. Es ist dein Geburtsrecht. Eine lebendige und erfüllende Beziehung ist nichts, was andere haben und du nicht. Es ist nichts, was du dir besonders schwer erkämpfen musst oder wofür du einen anderen Partner brauchst. Es ist kein unabänderliches Schicksal, dass es nach Wolke 7 nur abwärts gehen kann. Der Weg nach oben steht euch offen.

Schon Aristoteles sagte: „Das Ganze ist mehr als die Summer seiner Teile."

Für eine Beziehung bedeutet das, dass es nicht nur um dich und deinen Partner geht. Es geht um so viel mehr und so viel um uns herum. Wenn wir das beherzigen, uns damit auseinandersetzen und immer wieder uns im Blick haben, dann …

Ja, dann können wir miteinander glücklich und alt werden. Dann können wir wirklich zu den Sternen fliegen. Ein Leben lang.

Wenn es zwischenzeitlich anstrengend ist oder du das Gefühl hast, ihr entwickelt euch von einander weg, dann schau dir an, welche Summe eurer Teile da sind. Vielleicht sind es gerade auch nur ganz kleine Teile,

doch das ist egal. Wichtig ist, dass ihr immer wieder den kleinsten gemeinsamen Nenner findet. Das ist die Basis. Eure Basis. Und von da aus kann sich alles entwickeln – bis zur Unendlichkeit.

Diese unendliche Liebe wünsche ich dir von ganzem Herzen.

Deine Ellen

ANMERKUNGEN

[1] Quelle: https://de.statista.com/statistik/daten/studie/76211/umfrage/scheidungsquote-von-1960-bis-2008/ (Stand: 31.7.2023).

[2] Kinder kommen übrigens durchschnittlich im Alter von elf Jahren zum ersten Mal mit Pornos in Berührung. Ist auch nicht ganz so schwer, da es mittlerweile genügend freie Internetseiten gibt, wo sich Kinder und Jugendliche anschauen können, wie das mit dem Sex funktioniert. Nicht.

DANKE

Was wäre ein Buch, ohne dich, liebe Leserin? Dir gehört mein allergrößter Dank. Danke, dass du mir das Wertvollste geschenkt hast, was du in diesem Leben hast: deine Zeit und Aufmerksamkeit. Es berührt mich so sehr, wenn mir meine Leserinnen schreiben, dass meine Bücher etwas in ihnen verändert haben. Doch dafür müssen wir erst einmal gemeinsam diese Reise antreten. Dass du dich mit mir auf den Weg gemacht hast, ist für mich nicht selbstverständlich und freut mich von ganzen Herzen.

Danke, dass du dieses Buch gelesen hast.

Markus, Alexandra, Theresa und Charlotte – ohne euch wäre all das, was ich tue, gar nicht möglich. Ihr unterstützt mich und glaubt an mich, ganz besonders dann, wenn es mir selber sehr schwer fällt. Was mir das bedeutet, dafür gibt es nicht genügend Worte.

Dass ihr mir, trotz mancher Widrigkeiten, immer wieder das Gefühl gebt, stolz auf das zu sein, was ich tue, das ist unbeschreiblich schön und aufbauend.

Danke an meine erweiterte Familie. Danke, dass es so viele tolle Geschichten, Werte und Liebe bei uns gibt. Ohne euren Rückhalt könnte ich diesen Weg nicht so gestärkt gehen.

Danke an Andrea Langenbacher. Du hast dieses Buch nicht nur lektoriert, sondern gemeinsam mit mir das Konzept dafür entwickelt und ausgearbeitet. Ich bin dir für deine Engelsgeduld so dankbar, wenn

ich wieder alles über den Haufen geworfen habe, Streichungen nicht einsehen und mit dem Kopf durch die Wand wollte. Das Projekt mit dir hat so viel Spaß gemacht, dass ich hoffe, es folgen noch ein viele weitere.

Danke an Ina Oakley, die wie bei meinen anderen beiden Büchern als Designerin mit dabei ist. Danke für dich, für dein Sein, für unsere wunderbare Freundschaft und die Zusammenarbeit, die mittlerweile so nebenbei stattfindet. Es bedeutet mir so so viel, dass du in meinem Leben bist.

Danke auch an Katharina Telscher für deine tollen Innenillustrationen.

Schließlich ein riesengroßes Dankeschön an: Nadine, Katharina, Isy, Heike, Jenny, Karoline und Alexandra. Ihr habt mich alle auf unterschiedlichste Art und Weise motiviert, mir beigestanden und mich unterstützt. Ich bin so froh, dass es euch in meinem Leben gibt. DANKE!

DAS LEBEN IST ZU KURZ, UM UNGLÜCKLICH ZU SEIN

Ellen Lutum
Sei die Liebe deines Lebens
Schritt für Schritt zu dir
214 Seiten, Paperback
Format 14 x 22 cm

Lass dich von dem Glücksgefühl des Verliebtseins verzaubern. Verliebe dich neu – in dich. Sei du die Liebe deines Lebens und finde in dir den Schlüssel zu deinem Glück. Du trägst alles, was du brauchst, um GLÜCKLICH zu sein, in DIR.

Mit diesem Buch führt dich Ellen Lutum Schritt für Schritt wieder zu dir selbst. Es ist ein Ratgeber, der sich aber liest wie ein Roman.

Mit Übungen und Anregungen sowie Downloads, die dir helfen:

- wieder zu dir selbst zu finden
- Dinge gelassener zu sehen
- mit schwierigen Situationen besser umgehen zu können und
- wieder oder noch glücklicher durchs Leben gehen zu können.

Mehr Infos zum Buch:

SEI DIE LIEBE DEINES LEBENS – DAS WORKBOOK

Ellen Lutum
Sei die Liebe deines Lebens – Das Workbook
142 Seiten, Paperback
Format 22 x 28 cm

Du hast den ersten Schritt zu deinem neuen Ich schon gemacht. Doch du merkst, dass es dir schwer fällt, dies im Alltag umzusetzen. Gewohnheiten zu verändern, ist leider nicht so leicht, wie wir uns das oft wünschen. Die Motivation flacht schnell wieder ab und neue Denkweisen machen wieder den gewohnten Mustern Platz.

Aus diesem Grund hat Ellen Lutum dieses Workbook entwickelt. Es führt dich Schritt für Schritt durch den Prozess. Neben den Übungen aus dem Buch „Sei die Liebe deines Lebens“ findest du darin viele weitere Übungen und Impulse. Dazu ein komplettes Journal, das dich jeden Tag begleitet und hilft dir, aus neuen Denkweisen gewohnte zu machen. Damit du nicht nur verstehst, sondern endlich auch fühlst, wie großartig du bist.

Mehr Infos zum Workbook:

KRAFTVOLL UND INSPIRIEREND

Ellen Lutum
Sei die Liebe deines Lebens
Affirmationskarten für jeden Tag
32 hochwertige Karten
mit Kartenständer aus Holz
Format: 10,5 x 14,8 cm

Dieses Kartenset enthält kraftvolle und inspirierende Affirmationen, die dir helfen, dich von negativen Gedanken oder unbewussten Mustern zu befreien und neue, hilfreiche Perspektiven einzunehmen. Denn wenn du dein Denken veränderst, verändert sich auch deine Realität.

Die Karten wurden CO2-neutral in Deutschland produziert, alle Motive sind handgelettert.

Mehr Infos zum Kartenset:

SCHLUSS MIT DEM DIÄTWAHNSINN

Ellen Lutum

Jedes Pfund hat seinen Grund

Befreie dich von Selbstsabotage und Zweifeln

206 Seiten, Paperback

Format 15 x 23 cm

Welche Frau wünscht sich nicht, attraktiv und schön zu sein? Aber was ist überhaupt „schön" und wer definiert das? Viele Schönheitsideale, denen wir nacheifern, sind ohnehin völlig unrealistisch. Das führt dazu, dass wir uns ständig unwohl und unzulänglich fühlen. Denn Fitness, Diäten und Co. verhelfen nicht automatisch zu Selbstbewusstsein und Wohlbefinden.

Damit darf endlich Schluss sein! Ellen Lutum zeigt in diesem Buch, was wirklich zu Wohlbefinden und Zufriedenheit führt. Der Schlüssel liegt darin zu verstehen, was dich ausmacht und wie wertvoll und wunderschön du bist – mit oder ohne perfekte Strandfigur! Damit du dich endlich so großartig fühlen kannst, wie du es schon längst bist!

Mehr Infos zum Buch: